Trabalho compulsório
e trabalho livre
na história do Brasil

FUNDAÇÃO EDITORA DA UNESP

Presidente do Conselho Curador
Mário Sérgio Vasconcelos

Diretor-Presidente
José Castilho Marques Neto

Editor-Executivo
Jézio Hernani Bomfim Gutierre

Assessor Editorial
João Luís Ceccantini

Conselho Editorial Acadêmico
Alberto Tsuyoshi Ikeda
Áureo Busetto
Célia Aparecida Ferreira Tolentino
Eda Maria Góes
Elisabete Maniglia
Elisabeth Criscuolo Urbinati
Ildeberto Muniz de Almeida
Maria de Lourdes Ortiz Gandini Baldan
Nilson Ghirardello
Vicente Pleitez

Editores-Assistentes
Anderson Nobara
Fabiana Mioto
Jorge Pereira Filho

COORDENAÇÃO DA COLEÇÃO PARADIDÁTICOS

João Luís Ceccantini
Raquel Lazzari Leite Barbosa
Ernesta Zamboni
Raul Borges Guimarães
Maria Encarnação Beltrão Sposito (Série Sociedade, Espaço e Tempo)

IDA LEWKOWICS
HORACIO GUTIÉRREZ
MANOLO FLORENTINO

Trabalho compulsório e trabalho livre na história do Brasil

COLEÇÃO PARADIDÁTICOS
SÉRIE SOCIEDADE, ESPAÇO E TEMPO

© 2004 Editora UNESP

Direitos de publicação reservados à:
Fundação Editora da UNESP (FEU)
Praça da Sé, 108
01001-900 – São Paulo – SP
Tel.: (0xx11) 3242-7171
Fax: (0xx11) 3242-7172
www.editoraunesp.com.br
www.livrariaunesp.com.br
feu@editora.unesp.br

CIP-Brasil. Catalogação na fonte
Sindicato Nacional dos Editores de Livros, RJ

Lewkowiczs, Ida
   Trabalho compulsório e trabalho livre na história do Brasil/Ida Lowkowiczs, Horacio Gutiérrez, Manolo Florentino. – São Paulo: Editora UNESP, 2008. (Paradidáticos. Série Sociedade, espaço e tempo)

   ISBN 978-85-7139-848-1

   1. Trabalho – Brasil – História. 2. Trabalho escravo – Brasil – História. 3. Trabalhadores – Brasil – História. 4. Trabalhadoras – Brasil – História. 5. Brasil – História – Período colonial, 1500-1822. 6. Brasil – História – Império, 1822-1889. I. Gutiérrez, Horacio, 1957-. II. Florentino, Manolo, 1958-. III. Título. IV. Série.

08-3014.
CDD: 331.0981
CDU: 331(81)(09)

EDITORA AFILIADA:

A COLEÇÃO PARADIDÁTICOS UNESP

A Coleção Paradidáticos foi delineada pela Editora UNESP com o objetivo de tornar acessíveis a um amplo público obras sobre *ciência* e *cultura*, produzidas por destacados pesquisadores do meio acadêmico brasileiro.

Os autores da Coleção aceitaram o desafio de tratar de conceitos e questões de grande complexidade presentes no debate científico e cultural de nosso tempo, valendo-se de abordagens rigorosas dos temas focalizados e, ao mesmo tempo, sempre buscando uma linguagem objetiva e despretensiosa.

Na parte final de cada volume, o leitor tem à sua disposição um *Glossário*, um conjunto de *Sugestões de leitura* e algumas *Questões para reflexão e debate*.

O *Glossário* não ambiciona a exaustividade nem pretende substituir o caminho pessoal que todo leitor arguto e criativo percorre, ao dirigir-se a dicionários, enciclopédias, *sites* da internet e tantas outras fontes, no intuito de expandir os sentidos da leitura que se propõe. O tópico, na realidade, procura explicitar com maior detalhe aqueles conceitos, acepções e dados contextuais valorizados pelos próprios autores de cada obra.

As *Sugestões de leitura* apresentam-se como um complemento das notas bibliográficas disseminadas ao longo do texto, correspondendo a um convite, por parte dos autores, para que o leitor aprofunde cada vez mais seus conhecimentos sobre os temas tratados, segundo uma perspectiva seletiva do que há de mais relevante sobre um dado assunto.

As *Questões para reflexão e debate* pretendem provocar intelectualmente o leitor e auxiliá-lo no processo de avaliação da leitura realizada, na sistematização das informações absorvidas e na ampliação de seus horizontes. Isso, tanto para o contexto de leitura individual quanto para as situações de socialização da leitura, como aquelas realizadas no ambiente escolar.

A Coleção pretende, assim, criar condições propícias para a iniciação dos leitores em temas científicos e culturais significativos e para que tenham acesso irrestrito a conhecimentos socialmente relevantes e pertinentes, capazes de motivar as novas gerações para a pesquisa.

SUMÁRIO

INTRODUÇÃO 9

CAPÍTULO 1
Índios, escravos e libertos:
o trabalho compulsório 12

CAPÍTULO 2
Trabalhadores livres:
migrantes nacionais e estrangeiros 47

CAPÍTULO 3
A presença do trabalho feminino 76

CAPÍTULO 4
Crianças no mundo do trabalho 105

CONSIDERAÇÕES FINAIS 131
GLOSSÁRIO 133
SUGESTÕES DE LEITURA 135
QUESTÕES PARA REFLEXÃO E DEBATE 138

Introdução

No Brasil, a história dos trabalhadores abarca um conjunto de pessoas de múltiplas origens, de ambos os sexos e de quase todas as idades. Apreender suas histórias significa ao mesmo tempo inseri-los no espectro mais amplo da sociedade e examinar suas experiências particulares de trabalho e de vida. Tarefa nada fácil considerando que a história brasileira registra formações sociais variadas, que imprimiram características diferentes à organização do trabalho ao longo dos séculos; e ainda, que os próprios trabalhadores, com suas lutas e atividades cotidianas, desempenharam importante papel na transformação das relações sociais e outorgaram novos significados e visões ao mundo do trabalho.

Este livro apresenta, de forma resumida, a história dessas pessoas que trabalharam e conduziram sua vida em contextos sociais diferenciados; com trabalho e empenho, elas modificaram a própria existência e contribuíram para transformar a sociedade.

Três recortes guiaram a escolha de temas. Primeiro, abordam-se os padrões presentes no trabalho compulsório do Brasil colonial e imperial, período que registrou o uso da mão de obra indígena em diversos empreendimentos luso-brasileiros. Contudo, a marca central foi a escravidão de africanos e seus descendentes. O tráfico negreiro municiou de cativos os setores econômicos mais rentáveis, como o açúcar e o ouro, formando uma vasta rede de interesses e negócios. Foi nos engenhos, nas fazendas e nas minas onde escravos e libertos viveram a exploração mais intensa, tendo de construir sua vida nesse contexto, mas aprendendo também a limitar ou diluir, com a resistência, os rigores da escravidão.

Segundo, examinam-se as mudanças ocorridas entre os séculos XIX e XX, quando o trabalho livre ganha primazia. Concomitantemente à abolição da escravidão negra, novos contingentes populacionais, também numerosos, começaram a ingressar no país, oriundos da Europa e da Ásia. Ocorreu grande imigração estrangeira de mão de obra livre que se radicou basicamente nas regiões Sudeste e Sul, inserindo-se na cultura do café, no comércio e na nascente indústria.

A história dos trabalhadores no Brasil revela, assim, uma sucessão de migrações atlânticas, forçadas ou voluntárias, bem como deslocamentos internos de força de trabalho entre diversas regiões, que imprimiram à população trabalhadora traços próprios e indeléveis que aqui se procuram reconstituir.

Terceiro, reserva-se espaço especial às mulheres trabalhadoras, bem como ao trabalho executado por crianças. Acompanha-se a história das mulheres desde os tempos em que estavam sujeitas ao trabalho escravo até sua atuação nas lides industriais como operárias, no trabalho doméstico e mais modernamente no setor de serviços. Agricultoras, vendeiras, parteiras, artesãs, empregadas domésticas, telefonistas, professoras são algumas das personagens dessa história. Do mesmo modo, incursiona-se no mundo dos pequenos trabalhadores e nas vicissitudes do trabalho infantil. Centro de preocupação das recentes políticas públicas e importante problema social na atualidade, a infância aparece, no passado, associada com naturalidade à dura face do trabalho. Crianças escravas ou livres figuraram desempenhando ativamente diversas funções, não muito distintas das enfrentadas pelos adultos, com o beneplácito da sociedade e sem proteção especial. A regulamentação e a condenação do trabalho infantil surgiriam apenas no século XX, com o desenvolvimento da indústria.

1 Índios, escravos e libertos: o trabalho compulsório

Até o século XIX, o trabalho no período colonial no Brasil pautou-se por modalidades compulsórias, sendo a escravidão a principal e a mais cruenta de todas. Precederam-na ou coexistiram outras formas de trabalho compulsório, no qual se inclui o conjunto das relações de trabalho cujo denominador comum foi reunir população induzida a trabalhar para terceiros, sofrendo coação econômica e extraeconômica, envolvendo violência e uso da força. Tratou-se de trabalho forçado, obrigatório e, portanto, não livre nem voluntário, embora tivesse como contrapartida, em alguns casos, alguma remuneração.

Ao longo do tempo, empregou-se o trabalho compulsório visando à obtenção de produtos para o comércio internacional e para o consumo local, envolvendo milhões de trabalhadores. A grande maioria esteve submetida a trabalhos sofridos e humilhantes que significaram o afastamento da terra natal e da comunidade de origem, com deslocamentos para regiões distantes. Gerações de africanos e indígenas, bem como de descendentes mestiços, viram-se atrelados a todo tipo de trabalho no vasto território brasileiro.

O trabalho dos indígenas

Segundo o Instituto Indigenista Interamericano, em 2000, a população indígena no Brasil era de 340 mil pessoas, o equivalente a 0,2% da população total do país, número bem inferior ao que se constata em outras regiões da América. A Guatemala contava nesse ano com 66% de índios, a Bolívia, com 63%, o Peru e o Equador, com 40% cada um. Além disso, hoje no Brasil, os indígenas não são contabilizados na força de trabalho, porque estão tutelados pelo Estado e sujeitos a legislação especial.

No mapa etno-histórico elaborado por Curt Nimuendaju, em 1944, enumera-se a existência, no curso da história, de 1.400 grupos indígenas, pertencentes a quarenta famílias linguísticas, disseminadas por todo o território brasileiro, incluindo o litoral norte e sul, as regiões centrais, e presentes na bacia do Amazonas em toda sua extensão, de leste a oeste. Atualmente, mais de 60% dos indígenas brasileiros encontram-se na Amazônia. No passado, o peso demográfico da população nativa era muito diferente do atual, assim como sua distribuição espacial.[1] Em determinadas conjunturas da economia colonial, a mão de obra indígena foi peça-chave, empregada de forma intensiva e compulsória em culturas de exportação. Embora a escravidão dos índios tivesse perdurado legalmente de 1500 a 1570, em várias regiões e ocasiões posteriores o trabalho deles foi usado de forma compulsória.

Os tupinambás, por exemplo, habitavam o litoral de Sergipe até a Bahia, viviam em aldeias de quatrocentos a oitocentos habitantes, divididos em grupos de quatro a oito malocas. Produziam para consumo próprio, exclusivamente para atender às necessidades da aldeia, havendo poucas trocas entre eles. Praticavam a agricultura que combinavam com atividades de caça, pesca e coleta. Além da mandioca, o principal alimento, cultivavam feijão, milho, várias espécies de tubérculos e abóbora.[2]

---

1 RIBEIRO, B. *O índio na História do Brasil.* São Paulo: Global, 1983, cap. 2.
2 SCHWARTZ, S. B. *Segredos internos:* engenhos e escravos na sociedade colonial, 1550-1835. São Paulo: Companhia das Letras, 1988. p.40ss.

Os homens derrubavam as árvores maiores e faziam a queimada (coivara) para limpar o terreno. As mulheres, por sua vez, encarregavam-se de plantar, colher e preparar os alimentos. A caça e a pesca eram atividades masculinas. Todos trabalhavam em ritmo descontínuo, pois não havia preocupação em produzir excedentes. Gerava-se apenas o necessário para a sobrevivência. O litoral, rico em alimentos fornecidos pela floresta e pelo mar, tornava os índios despreocupados em relação à escassez.

Com tal comportamento era difícil para os portugueses recém-chegados obter alimentos como a farinha de mandioca, que se tornou item importante na dieta, pois os índios não se empenhavam em acumular excedentes. Apenas faziam trocas quando havia algum artigo que lhes interessava.

Escambo e escravidão

As primeiras atividades dos europeus no litoral brasileiro entre 1500 e 1535 estiveram concentradas na extração do pau-brasil. Possivelmente havia presteza dos indígenas para a extração da madeira, pois já era atividade desenvolvida pelos homens, quando da derrubada de árvores para o plantio. Os portugueses obtinham esse trabalho oferecendo quinquilharias e outros objetos. Os índios localizavam as árvores que se encontravam espalhadas na mata, derrubavam-nas e arrastavam as toras até as feitorias.

Com o correr do tempo os índios passaram a exigir produtos mais caros, como ferragens e armas de fogo, o que tornou sua força de trabalho mais dispendiosa para os portugueses. Além disso, quando o número de comerciantes que compravam as mercadorias indígenas aumentou, a competição por essa mão de obra se acirrou.

Tal situação mudou com a introdução do cultivo da cana-de-açúcar. Dificilmente os colonizadores conseguiriam índios para essa tarefa, vista como um trabalho muito pesado, desgastante e, além do mais, feminino. No início da cultura canavieira não havia ainda capital suficiente para adquirir os caros escravos africanos. A autorização para empreender "guerras justas" contra os índios foi uma brecha, e consistiu em aprisionar índios considerados belicosos, arredios à conversão à fé católica ou praticantes de tradições consideradas repulsivas pelos europeus, como o canibalismo. Os colonos também saíam em expedições para "resgatar" prisioneiros indígenas de grupos rivais, sob o pretexto de libertá-los. Praticava-se igualmente o simples assalto às aldeias, aprisionando sua população, o que era ilegal, mas se tornou fato comum. Dessa maneira, muitos índios, no século XVI, foram introduzidos compulsoriamente no trabalho dos engenhos.

Imbuídos do propósito de proteger os indígenas dos colonos e de convertê-los à fé cristã, jesuítas e clérigos de outras ordens religiosas dedicaram-se à tarefa de catequização nas aldeias. Além da educação e da religião, visavam a introjetar nos aborígenes hábitos europeus de trabalho, cuja concepção distanciava-se das culturas nativas. Tentaram criar um campesinato indígena: segundo os religiosos, em 1600 havia, no Brasil, cinquenta mil índios nos aldeamentos organizados dessa forma e disponíveis para o trabalho.[3]

No Sul, nas terras dos guaranis, os jesuítas fundaram reduções para onde atraíam os índios que fugiam dos colonos espanhóis que queriam escravizá-los. Entretanto, os nativos não conseguiram escapar dos bandeirantes paulistas, que, em 1628, assaltaram a redução de Encarnación e aprisionaram 15 mil índios, conduzindo-os para o cativeiro em marchas forçadas, nas quais morreram crianças e adultos

---

3 SCHWARTZ, S. B. Op. cit.

que não aguentavam a longa e difícil caminhada. O destino dos sobreviventes eram os mercados de escravos. Diversos assaltos a outras reduções repetiram-se nessa época.

Assim, em 1631, os jesuítas migraram com os índios remanescentes para o Paraguai. Partiram em setecentas canoas para terras além das cataratas do Iguaçu. Perseguidos pelos paulistas, abandonaram as embarcações e realizaram grande marcha a pé. Dos 100 mil índios que viviam em Guairá, restaram 10 mil.

Tais migrações deram origem à chamada República Guarani que durou cerca de cem anos, até 1768. No atual estado do Rio Grande do Sul formaram-se sete reduções: os Sete Povos das Missões. Nesse local travou-se uma guerra sangrenta entre índios e regimentos coloniais (espanhóis e portugueses), que pretendiam expulsar os guaranis da região, mas sem sucesso.[4]

O trabalho dos indígenas nas reduções era totalmente diferente dos realizados nas aldeias originais em que as mulheres plantavam, colhiam, cuidavam da moradia, dos filhos e da sobrevivência. No novo modo de vida a que foram submetidos, o casal guarani trabalhava no *avambaé* (propriedade do homem) na maior parte da semana para dele retirar seu sustento. Na redução havia também o *tupambaé* (propriedade de Deus), onde os pais trabalhavam por dois dias e os filhos, a semana inteira. Os índios dispunham livremente dos bens do *avambaé*, enquanto o que se produzia no *tupambaé* destinava-se ao sustento da missão e de famílias necessitadas. As estâncias de criação de gado e os ervais (mate) eram comunitários.[5]

Na Amazônia, o trabalho indígena compulsório foi importante por mais tempo, sendo dominante até meados do

---

4 RIBEIRO, B. Op. cit.

5 SCHMITZ, P. I. A Companhia de Jesus e a Missão. In: TAVARES, E. (Org.). *Missões*. São Leopoldo: Unisinos, 2002. p.140-56.

século XVIII, quando foram introduzidos também escravos africanos. Essa região foi fortemente marcada pela coleta das drogas do sertão, que, além de não exigirem investimentos pesados, apresentavam excelente retorno, em virtude dos bons preços obtidos no mercado, como foi o caso do cravo, da canela e da salsaparrilha no século XVII, e do cacau no século XVIII.

Com o auge do cacau na década de 1720 e o esvaziamento das aldeias indígenas nas áreas próximas a Belém, os colonos passaram a buscar mão de obra nas regiões do médio e do alto Amazonas e de rios tributários, como o Solimões, o Negro e o Branco. Fundaram-se em suas margens vilas, fortalezas e missões, estas últimas para a catequização e como repositório de força de trabalho compulsória para padres e colonos. Em meados do século XVIII, havia na região mais de cinquenta missões dirigidas por jesuítas, franciscanos, mercedários e carmelitas.

Os colonos incrementaram as expedições de coleta de drogas Amazonas acima, obtendo licenças também para o resgate de índios. As canoas saíam com gêneros alimentícios, armas, ferramentas, tecidos e bugigangas oferecidos aos índios em troca da coleta de cacau. No retorno a Belém, a maioria, se não todas as canoas, trazia índios, legal ou ilegalmente. Em 1729, haviam sido fornecidas 110 licenças para o resgate, número que saltou para 320 em 1736. Estima-se que entre 1738 e 1745, recorrendo a esses expedientes, tenham sido aprisionados nos sertões do Amazonas, e transformados em escravos, mais de 10 mil indígenas.

As expedições de coleta de drogas ou de apresamento de índios partiam, em geral, de uma aldeia de missionários ou de algum porto à beira do rio, no período de setembro a janeiro. As canoas eram grandes o suficiente para transportar de trezentas a quinhentas arrobas de mercadorias. O comandante, em geral branco ou mestiço, chefiava a tripulação composta por cerca de dezoito remadores indígenas. Quando atingiam um local adequado, armavam uma cabana e um estrado para secar o cacau e armazená-lo. Permaneciam no mato por aproximadamente oito dias e voltavam ao armazém para descarregar. A viagem fluvial de retorno a Belém podia durar uma ou duas semanas.[6]

As expedições de resgate e a ação missionária contribuíram para o processo de destribalização dos índios. Como resultado de tais atuações, especialmente na Amazônia, no século XIX, constituíra-se uma massa de "índios domesticados", chamados de modo genérico de tapuias, empregados pelos brancos na agricultura, na coleta das drogas do sertão, na navegação dos rios, na construção de obras públicas e no trabalho doméstico. Havia também grupos não destribalizados que forneciam produtos das matas aos regatões – os comerciantes dos rios.

Em meio às lutas políticas e sociais do século XIX na Amazônia, a exemplo da Cabanagem, muitos índios dos povos Mura, Munduruku e Mawé, do rio Tapajós, que se insurgiram contra o governo foram dizimados ou utilizados em trabalhos forçados. O uso bélico dos índios não era estranho às práticas dos colonizadores. A política dessa época, em relação a eles, posta em prática em quase todas as regiões brasileiras, visava a amansá-los para que não atacassem os povoadores das novas frentes agrícolas que se formavam. Muitos daqueles considerados "mansos" foram aproveitados nos combates travados contra outros povos indígenas, como os botocudos em Minas Gerais, no Espírito Santo e no sul da Bahia.

---

6 OLIVEIRA, M. de. *Escravidão indígena na Amazônia colonial.* Goiânia, 2001. p.41ss. Dissertação (Mestrado) – UFG; PERRONE-MOISÉS, B. Índios livres e índios escravos: os princípios da legislação indigenista no período colonial (séculos XVI a XVIII). DA CUNHA, M. C. (Org.). *História dos índios no Brasil.* São Paulo: Companhia das Letras, 1992. p.115-32.

Em Pernambuco e no Rio Grande do Norte, instalados em aldeias, muitos indígenas recusaram-se ao trabalho e fugiram para regiões onde pudessem ser livres. Contudo, na década de 1810 centenas estavam empregados em engenhos, recebendo remuneração inferior à de outros trabalhadores. Havia recomendações para que os índios não trabalhassem constrangidos, apenas por vontade própria, mas as determinações governamentais eram pouco respeitadas. Em 1854, no Maranhão, permitiu-se o recrutamento de trabalhadores indígenas por três anos, sendo o pagamento feito apenas no fim desse período. Em 1855, em Santa Catarina, autorizou-se que índios recém-contatados fossem distribuídos diretamente entre particulares que se aproveitavam de seu trabalho.[7]

Em vários momentos e em quase todas as regiões, utilizou-se o trabalho dos indígenas. Entretanto, desde cedo foi introduzido o escravo africano nas terras da América portuguesa. Várias razões, contraditórias ou complementares, foram apontadas para explicar tal opção: a inaptidão do índio para a lavoura, a defesa dos jesuítas, que se opuseram veementemente à escravização daquele, a rarefação demográfica, a pouca resistência às doenças ocasionadas pelo contato com o branco e os lucros do tráfico negreiro que passaram a ser importante fatia do comércio colonial.[8]

Chegam os africanos

O tráfico africano forneceu mão de obra abundante e continuada ao Brasil, tornando-se o escravo a força de trabalho principal nos séculos XVII, XVIII e XIX, primeiro no litoral e depois no interior. A captura de africanos e sua transfe-

---

7 RIBEIRO, B. G. *O índio na História do Brasil*. 6. ed. São Paulo: Global, 1983, cap. 2; e DA CUNHA, M. C. Op. cit., p.133-54.

8 NOVAIS, F. A. *Portugal e Brasil na crise do antigo sistema colonial*. São Paulo: Hucitec, 1983. p.104-5.

rência forçada às terras do Novo Mundo é, sem dúvida, um capítulo infame na história dos trabalhadores americanos. Os traficantes portugueses e, posteriormente, os brasileiros, foram os mais perseverantes e entusiastas negociantes de seres humanos da época moderna, sendo os primeiros a iniciar esse comércio na África para o Atlântico, e os últimos a abandoná-lo. Conforme estimativas moderadas, do total de mais de dez milhões de escravos transportados para terras americanas entre os séculos XVI e XIX, algo em torno de quatro milhões de negros desembarcaram no Brasil.

Durante os três séculos e meio de tráfico atlântico, o ritmo de chegada de escravos ao Brasil foi irregular. No século XVI, a média de cativos aportados foi de 714 africanos por ano; no século XVII, aumentou para 5.600; nos primeiros oitenta anos do século XVIII, a média anual cresceu a impressionantes 16.100 por ano; e a partir dessa data, entre 1780 e 1850, o tráfico tornou-se espantoso, com 30.100 escravos chegando em média por ano, sendo as três últimas décadas desse século o período auge, ocasião em que, por causa das pressões internacionais, sobretudo inglesas, se aboliu definitivamente o tráfico para o Brasil.[9]

As comunidades africanas privilegiavam as mulheres no trabalho agrícola local e em seus sistemas de linhagem e parentesco, o que ajuda a explicar o motivo pelo qual, comparativamente às mulheres e às crianças, os homens em maior número tenham sido capturados e vendidos em portos brasileiros. Além do mais, o preço de venda das mulheres na África era em geral mais alto que o dos homens. Assim, nos carregamentos atlânticos a proporção de homens sempre foi superior à de mulheres: estima-se que de cada dez escravos transportados, seis ou sete tenham sido do sexo masculino, padrão que foi também comum nas demais rotas

---

9 Cf. KLEIN, H. S. A demografia do tráfico atlântico de escravos para o Brasil. *Estudos Econômicos* (São Paulo), v.17, n.2, 1987, p.132-3.

americanas do tráfico. A idade deles no momento do embarque não é bem conhecida, mas sabe-se que os negreiros preferiam homens jovens, saudáveis, em pleno vigor físico. No caso das mulheres, a preferência também era por adolescentes, que às vezes vinham acompanhadas por filhos pequenos. Ao que parece, o porcentual de crianças traficadas nunca superou 5% do total de escravos embarcados.

Tal estrutura demográfica do tráfico provocaria profundos impactos na população brasileira, restringindo o acesso dos homens ao casamento e à constituição de famílias, quanto à população escrava, limitava as possibilidades de esta se repor pelo nascimento de filhos.

De onde e como vieram

Os homens, assim como as mulheres, eram capturados inicialmente em territórios localizados na extensa costa da África Ocidental e congo-angolana, e somente no século XIX começaram a chegar também ao Brasil, de maneira mais intensa, cativos procedentes de Moçambique. Nos séculos XVI e XVII, a maior parte dos escravos era oriunda da chamada Costa da Mina, havendo, nos séculos XVIII e XIX, um deslocamento gradual das zonas de fornecimento para o Sul, com destaque para Angola. Os negros do noroeste africano eram conhecidos por nomes como minas, nagôs (iorubás), jejes ou haussás, estes de religião muçulmana, e era bastante comum encontrá-los em portos da Bahia, de Pernambuco e, em geral, em regiões mais ao norte, de colonização mais antiga. Em contrapartida, os negros chamados congos, angolas, benguelas ou moçambiques, originários da região central e austral da África, foram enviados com mais frequência ao Rio de Janeiro, a São Paulo e a regiões sulinas, áreas com demanda mais intensa de cativos nos séculos

XVIII e XIX. Estima-se que entre 1800 e 1853, data do último desembarque de africanos no Brasil, tenham chegado 1,7 milhão de escravos de ambos os sexos.

A navegação pelo Atlântico era uma viagem tenebrosa, conforme as narrativas e gravuras das travessias negreiras da época. Amarrados por correntes e separados por sexo, homens e mulheres deviam esperar chicotadas e castigos em resposta às reclamações pelo desconforto, pela falta de água ou pelo aparecimento de doenças a bordo. A superlotação dos navios, no entanto, não foi a regra, embora houvesse embarcações com excesso de escravos. No século XIX, os navios negreiros, mais conhecidos como *tumbeiros*, transportavam entre duzentos e seiscentos cativos a cada viagem, número alto, mas que estava dentro das margens permitidas pela navegação da época. A viagem de Angola ao Rio de Janeiro levava cerca de um mês, e a que partia de Moçambique o dobro do tempo. As péssimas condições higiênicas, a alimentação deficiente e o ambiente inóspito a bordo provocavam muitos tipos de doenças, sendo a mais comum a disenteria. A mortalidade na travessia afetou igualmente homens e mulheres, em taxas que oscilaram no início do século XIX entre 103 mortes por mil embarcados nos navios saídos de Angola, e 234 por mil nos oriundos de Moçambique, taxas extremamente altas para uma população formada basicamente por jovens e adultos.[10]

Uma vez em portos brasileiros, os escravos eram postos em quarentena para evitar demasiadas perdas pelo contato com o novo ambiente epidemiológico. O espetáculo atroz do desembarque e a venda em mercados públicos tornar-se-iam legendários nas descrições horrorizadas que deixaram os viajantes estrangeiros. Houve mercados famosos, como os do Pelourinho, em Salvador, ou do Valongo, no Rio de Janeiro.

---

10 KLEIN, H. S. *The Middle Passage: Comparative Studies in the Atlantic Slave Trade*. Princeton: Princeton University Press, 1978, caps. 3 e 4.

Em São Luís, no Maranhão, um velho escravo descreveu a chegada de africanos àquele porto:

> Passados de bordo para as gabarras, já vinham sob gargalheiras ou libambos, atrelados uns aos outros para não fugir ou se atirar à água. Frequentemente já tinham sido loteados antes do desembarque. E eram entregues em cambadas aos mercadores ou capitães do mato, representantes dos fazendeiros do interior da província.[11]

No Rio de Janeiro, no início do século XIX, os africanos recém-chegados eram levados primeiro à alfândega, onde eram recolhidos os impostos sobre os maiores de três anos. Seguia-se uma quarentena de oito dias na ilha de Jesus, onde eram tratados das doenças, recebendo comida fresca e uma muda de roupa. Depois seguiam para venda em um dos mais de cinquenta estabelecimentos situados em uma longa e sinuosa rua chamada Valongo, no subúrbio da cidade. Os armazéns do Valongo exibiam os escravos nos andares inferiores dos edifícios, onde se acomodavam entre trezentos e quatrocentos em cada um. Os mais velhos sentavam-se em bancos alinhados rente às paredes, e os mais novos, incluídas mulheres e crianças, no centro do cômodo, próximos uns dos outros, todos praticamente nus, com a cabeça habitualmente raspada, e prontos para serem apalpados e terem seus dentes, membros e corpo examinados pelos potenciais compradores.[12]

Os escravos na grande lavoura

A imagem mais conhecida do escravo é a que mostra sua inserção no trabalho regido pela chamada *plantation* escravista. A *plantation* foi uma estrutura econômica que conju-

---

11 Citado por CONRAD, Robert E. *Tumbeiros*: o tráfico de escravos para o Brasil. São Paulo: Brasiliense, 1985. p. 57-8.

12 Cf. CONRAD, R. Op. cit., p. 57-63.

gou um setor de cultivo agrícola e outro de beneficiamento do produto, ambos funcionando na mesma propriedade de modo articulado, com divisão interna própria do trabalho, e especializando-se na produção de gêneros orientados para o mercado mundial.[13] Apresentava-se como a forma típica de organização da economia escravista, amplamente disseminada no Caribe e no Brasil, sobretudo na produção de alguns gêneros, como o açúcar e o café. O funcionamento da *plantation* requeria o abastecimento contínuo de escravos oriundos do tráfico.

Nos séculos XVI e XVII, o principal destino dos escravos no Brasil era o Nordeste, comprados pelos senhores de engenho para sua inserção na produção de cana-de-açúcar. Nas palavras de Antonil, célebre cronista que escreveu no início do século XVIII, os escravos foram "as mãos e os pés do senhor de engenho". O complexo econômico do açúcar, no

FIGURA 1. ENGENHO DE AÇÚCAR NO NORDESTE, 1816.

FONTE: HENRY KOSTER, *TRAVELS IN BRAZIL*, LONDRES, 1816.

13 GORENDER, J. *O escravismo colonial*. São Paulo: Ática, 1985, cap. 3.

centro do qual estava o engenho, empregou principalmente escravos africanos, mas também participavam da produção trabalhadores assalariados, lavradores de cana e indígenas.

O setor agrícola do engenho fornecia a principal matéria-prima, a cana-de-açúcar. No Brasil, diferentemente do Caribe, foi comum haver lavradores de cana alheios aos engenhos, com terras próprias ou arrendadas, que abasteciam com regularidade os engenhos. Os lavradores deviam dispor de um contingente de escravos, bois e ferramentas próprias. A plantação de quarenta tarefas de cana requeria em torno de vinte escravos e de quatro a oito carros de boi. Uma tarefa correspondia à quantidade moída por um engenho em 24 horas, o equivalente a quarenta carros de cana. O plantio iniciava-se no verão, com as primeiras chuvas de janeiro, prolongando-se até maio. Um ano ou um ano e meio depois começava a colheita, transportando-se a cana em barcos ou carros de boi até o engenho.[14]

Além do setor agrícola, o engenho englobava outro industrial, que para seu funcionamento também precisava de insumos variados, como água para tocar as moendas (no caso dos engenhos d'água) ou bois (usados como força motriz nos chamados trapiches), madeira para a construção das rodas que deviam ser trocadas a cada três anos, recipientes de cobre para cozimento, formas para depositar o melaço, enfim, numerosos equipamentos caros e sofisticados. Usava-se também lenha em abundância para as fornalhas; em épocas de safra, precisava-se de um volume equivalente a um carro de boi por hora. Igualmente, o engenho devia contar com construções diversas, como a casa-grande, as senzalas, a casa das fornalhas, a casa de purgar e o pasto para os animais.

Era na fase manufatureira que se ocupava a maior parte dos escravos. Desenvolviam-se, então, os trabalhos mais

---

14 FERLINI, V. L. A. *A civilização do açúcar*. São Paulo: Brasiliense, 1984. p.31-5.

pesados, intensos e devastadores. A organização do engenho obedecia a uma formidável divisão do trabalho e a um rígido ordenamento hierárquico. Podiam distinguir-se setores bem diferenciados, como administração, manutenção, transporte e processamento, todos com mão de obra especializada.

O processamento seguia fases sequenciais, iniciando-se nas moendas que requeriam, por turno, um feitor-pequeno, um *levadeiro* e sete outros escravos do sexo feminino. A etapa seguinte, o cozimento, que também operava em dois turnos, empregava, em cada um deles, um mestre de açúcar, um banqueiro, dois caldeireiros de melar, um caldeireiro de escumar e catorze escravos, quase todos homens. A terceira etapa, a casa de purgar e a quarta, a secagem, a pesagem e o encaixotamento, demandavam turno único, ocupando um purgador e cinco escravos, e um caixeiro e dezenove escravos, respectivamente. Se nas tarefas do processamento mulheres cativas eram requeridas, no transporte da cana empregavam-se exclusivamente escravos do sexo masculino.

Tal estrutura ocupacional, típica de engenhos de grande porte, como o de Sergipe do Conde, na Bahia, reproduzia-se em escala mais reduzida em unidades menores. Com o tempo, intensificou-se o uso de escravos em funções anteriormente desempenhadas por trabalhadores assalariados. O próprio Sergipe do Conde, que em 1635 contava com oitenta escravos e treze assalariados, passou a dispor de duzentos escravos e seis assalariados, no início do século XVIII.[15] A base do engenho, assim, foi o trabalho do escravo negro. O índio aparece esporadicamente, sobretudo nos engenhos administrados por jesuítas, mas desenvolvendo atividades externas ao engenho, como a de capitão do mato, na captura de escravos fugitivos.

---

15 Ibidem, p.48-51.

A produção para o abastecimento de alimentos e roupas para os trabalhadores, bem como a criação de animais, não eram atividades desenvolvidas em todos os engenhos, mas das quais não se podia prescindir, o que gerou amplos mercados internos tributários do açúcar.

Outro produto cultivado inicialmente com base no sistema de *plantation* foi o café, que se constituiu no principal produto de exportação do Brasil no século XIX e foi o setor que mais empregou escravos até a abolição. Propiciou a formação de extensas e ricas fazendas no Rio de Janeiro e em São Paulo.

Na produção de café, os homens foram utilizados em maior número e desempenharam as principais funções, enquanto as mulheres cumpriam tarefas mais periféricas. Em Vassouras, na província do Rio de Janeiro, a proporção era de sete homens para três mulheres. Esses trabalhadores eram divididos em turmas sob a direção de um feitor, homem livre e assalariado, mulato ou português, ou então supervisionados por um capataz, em geral escravo. Todos deveriam ajustar-se a duras exigências de horários e a uma rígida disciplina. Os trabalhos do dia a dia começavam antes do nascer do sol e prolongavam-se, com frequência, até depois do crepúsculo. Com os primeiros clarões do dia, os escravos pegavam as enxadas e as foices, ouviam do senhor as rezas de praxe, recebiam do capataz as ordens do dia e seguiam para o trabalho. Por volta das dez da manhã almoçavam, em geral um prato de angu, havendo breve pausa à uma da tarde para um café. O jantar servia-se às quatro horas, retornando-se ao trabalho até o anoitecer.[16]

O trabalho nas fazendas não se resumia à colheita e ao beneficiamento do café. Boa parte dos escravos, quase metade, destinava-se a tarefas complementares: preparação

---

16 STEIN, S. J. *Vassouras*: um município brasileiro do café, 1850-1900. Rio de Janeiro: Nova Fronteira, 1990. p.197-205.

de alimentos, construção de casas, olaria, corte da madeira, canalização de água, criação de gado, transporte do café.

O processo de plantio e o tratamento dos cafezais adotavam métodos simples. A enxada e a foice eram os principais instrumentos. A escolha dos matos para derrubada fiava-se na experiência de especialistas, sendo os machadeiros escravos ou agregados bem treinados. Os troncos e a ramagem remanescentes eram eliminados com fogo, plantando-se então os pés de café, com espaçamento de entre 2,5 e 3,5 metros entre eles. No fim do terceiro ano já era possível colher café, estando os cafeeiros plenamente produtivos no sexto ano. Nesse ínterim foi costume intercalar, entre os cafeeiros, culturas alimentícias como milho, feijão e mandioca.

A plantação de café recebia poucos cuidados. Resumia-se a três carpas ao ano para extirpar as ervas daninhas, ou quatro nas melhores fazendas, tarefas de escravos e escravas. Somente no fim do século XIX, introduziu-se a carpideira, aparelho que substituía o serviço de seis escravos. Em abril ou maio, com o fim da estação das chuvas, iniciava-se a colheita de café. Os apanhadores limpavam os galhos deixando cair os grãos no solo, sobre um pano, ou diretamente sobre uma peneira; arremessando o conteúdo da peneira para o alto, separavam os grãos das folhas e ramos remanescentes. Um escravo podia colher, em média, três alqueires por dia (46 quilos), havendo cativos que colhiam bem mais.

O beneficiamento do café consistia na retirada dos invólucros que revestem o grão: a polpa e a casquinha. O método mais comum usado para o despolpamento era deixar secar o café por vinte a trinta dias, método que facilitava a retirada da cobertura. Inicialmente a secagem ocorria em terreiros de chão batido, substituídos na segunda metade do século XIX por terreiros de pedra ou tijolo. Em seguida, os grãos eram descascados com o uso do pilão manual, operado pelo escravo, ou o carretão, movido por força animal, ou, ainda, do monjolo acionado por força hidráulica, utilizado para grandes safras.[17]

Os cafezais expandiram-se vertiginosamente a partir da década de 1830, florescendo primeiro na província do Rio de Janeiro, e ocupando rapidamente terras em direção ao sul, acompanhando o vale do Paraíba e mais tarde o oeste paulista. Na época da Independência a produção nacional havia chegado a sete mil toneladas, e já em 1840 alcançava o nível impressionante de cem mil toneladas anuais, transformando o Brasil no primeiro produtor mundial do grão. Nos primeiros tempos, uma fazenda típica reunia trinta escravos, mas a disponibilidade de solos apropriados, a abundância de capital e de mão de obra, assim como a demanda crescente, impulsionaram o surgimento de imensas fazendas, com trezentos ou mais escravos. A fazenda mais comum, na década de 1850, concentrava entre oitenta e cem cativos, dimensão que foi quase o dobro do tamanho médio das fazendas de café do Caribe. Um escravo adulto podia responder por 3.500 pés de café maduros em meados do século XIX, e sua produtividade média podia atingir entre dezessete e vinte sacas de 60 quilos por ano. No fim da década de 1870 havia, no Brasil, em torno de 250 mil escravos trabalhando nas lavouras cafeeiras.[18]

O trabalho nas minas

Na mineração, assim como na pecuária, nos setores de subsistência e nas atividades urbanas, a organização do traba-

---

17 STEIN, S. J. Op. cit., p.56-65; CANABRAVA, A. P. A grande lavoura. In: *História geral da Civilização Brasileira*, v.6, p.87-102; DEAN, W. *Rio Claro:* um sistema brasileiro de grande lavoura, 1820-1920. Rio de Janeiro: Paz e Terra, 1977. p.48-51.

18 KLEIN, H. S. *A escravidão africana na América Latina e no Caribe*. São Paulo: Brasiliense, 1987. p.138-45.

lho escravo diferiu em vários aspectos das características associadas à *plantation.* Por exemplo, a posse de escravos era, em média, menor, a composição da escravaria dependia menos, em seu crescimento, do tráfico africano, e havia maior diversificação das produções.

Assim como os engenhos nordestinos, a atividade de mineração também demandou vasta mão de obra escrava desde a descoberta de minas de ouro, em fins do século XVII, em Minas Gerais. A exploração do metal precioso provocaria avalanche de populações, um inesperado otimismo financeiro no Império português e o surgimento de incontáveis arraiais e vilas povoados de escravos.

Se entre 1700 e 1705 a produção de ouro começou modesta, com média anual de 1,5 tonelada, entre 1735 e 1744, auge da atividade, a produção anual atingiria mais de 14 toneladas. Daí em diante, a produção mineira decresceria gradualmente.[19] Essa atividade, entrementes, mesmo em menor escala, provocava o surgimento e a manutenção de uma série de atividades que envolvia a população estabelecida na região, que já não se restringia exclusivamente à extração do minério.

O tipo de ouro encontrado correspondeu ao chamado ouro de aluvião, isto é, aquele achado em depósitos de cascalho, areia e argila junto ao leito dos rios e em suas encostas. A facilidade da extração, bem como o pouco capital necessário para sua obtenção, estimularam o afluxo de pessoas de diferentes níveis de riqueza e condição social para sua exploração.

A produtividade dependia menos do capital disponível e mais da qualidade da data – pequena extensão de terras auríferas – e do número de escravos utilizados, caso se dispusesse deles. Pelo Regimento das Minas de 1702, a reparti-

---

19 PINTO, V. N. *O ouro brasileiro e o comércio anglo-português.* São Paulo: Companhia Editora Nacional, 1979. p.114-5.

ção das terras auríferas devia ser realizada entre os mineiros interessados, cabendo a precedência ao descobridor. Os que tivessem escravos receberiam datas conforme o número de cativos, à razão de 5,5 metros quadrados por escravo, até o limite de 66 metros quadrados, o que equivalia à posse de doze cativos.

As técnicas usadas na extração do ouro favoreciam também a participação de amplas camadas da população. O modo mais comum e disseminado era o uso da bateia por parte do faiscador, de condição livre ou escrava, que em geral trabalhava isoladamente. Saint-Hilaire, botânico francês que percorreu Minas Gerais, quando esteve no Brasil (1820-21), assim o descreveu:

> Ao pé da cascata, um velho mulato, metido na água até os joelhos, lavava a areia para extrair-lhe o ouro. A ocupação a que se entregava, e a miséria de que lhe oferecia a imagem, apresentavam um bizarro contraste. Alguns andrajos, presos ao corpo por cadarços, cobriam-lhe o peito e os ombros; tinha as pernas e as coxas nuas e à cintura prendia-se pequeno saco de couro bastante grosso. Uma grande gamela servia-lhe, primeiramente, para apanhar as pedras do fundo d'água; depois disso enchia-se de areia mais ou menos até a metade e com a mão retirava os seixos misturados com a areia. Voltando em seguida no sentido da corrente, inclinava sua gamela para a superfície da água, e balançava-a com muita habilidade e ligeireza. A cada balanço fazia-se entrar um pouco de água que levava a areia; o ouro em pó ficava no fundo do vaso, e ele o fazia escorrer para o seu pequeno saco de couro.[20]

Indivíduos aquinhoados, proprietários de escravos, recorriam a métodos mais sofisticados na extração do metal. Um deles, muito usado na primeira metade do século XVIII, era conhecido como "cerco" e consistia no represamento de pequena parte de um curso d'água para o trabalho coordena-

---

20 SAINT-HILAIRE, A. de. *Viagem pelas províncias do Rio de Janeiro e Minas Gerais*. São Paulo: Edusp, 1975. p.116.

do com o uso de várias bateias, executado por diversos escravos. Também usavam equipamentos como a nora (aparelho para tirar água do rio), acionada, quando maior, por uma roda hidráulica. A extração do cascalho realizava-se, em geral, no período mais seco do ano, de abril a setembro.[21]

Na atividade aurífera e diamantífera participaram, no século XVIII, milhares de escravos e forros e, apesar da diminuição da mineração no século seguinte, outros setores que se desenvolveram impulsionados por ela justificaram uma população escrava em contínuo crescimento. O recenseamento de 1819 registrou 170 mil escravos em Minas Gerais.

A mineração, mais que outros setores econômicos, propiciou aos escravos maior acesso à alforria e alguma mobilidade social graças à possibilidade de reunir um pecúlio. No Serro Frio, em 1771, mais de um quinto dos proprietários de escravos era formado por libertos, ou seja, ex-escravos que tinham comprado ou ganho sua liberdade e, por sua vez, reuniram dinheiro suficiente para adquirir cativos; todavia, eram pequenos escravistas seguindo o padrão de Minas Gerais e, em geral, de todo o Brasil: proprietários, em média, de não mais do que cinco escravos.

Atrás do gado

No setor agrícola, além das plantações agroexportadoras, houve imensas regiões durante a época colonial e no século XIX voltadas para produções de subsistência ou abastecimento de mercados locais e regionais. Nessas terras havia menor número de escravos e condições de vida e de trabalho melhores. Um exemplo foi a pecuária.

---

21 LUNA, F. V. *Minas Gerais*: escravos e senhores. São Paulo: IPE/USP, 1981. p.40-58.

Na época colonial, a criação de gado disseminou-se por todo o interior do Brasil, do Nordeste ao Sul, passando por Goiás e Mato Grosso, como apoio às economias de exportação, e também como atividade com dinâmica própria. Cumpria variadas funções, como fornecer animais de tração, meio de transporte de longo curso para pessoas e mercadorias, compunha a dieta de livres e escravos e supria outros setores com insumos, entre os quais lã, leite e couros.

No Piauí, considerado o "curral e o açougue" do Brasil colonial, o número de fazendas de gado cresceu vertiginosamente no século XVIII: em 1772 eram 578, distribuídas ao longo de dezenas de riachos, lagoas e olhos d'água, e distantes umas das outras em torno de duas léguas. Nelas criavam-se principalmente gado vacum e cavalar, conseguindo melhor rendimento as que contavam com pastagem de capim-mimoso: o número médio de cabeças de gado situava-se entre duas e três mil por fazenda, mas havia fazendeiros com mais de seis mil.[22] Alternavam-se com sítios de lavoura em que se cultivavam gêneros de subsistência, como mandioca, milho e arroz. O gado era criado geralmente solto e tocado por seus proprietários, auxiliados por feitores, vaqueiros, escravos, índios e agregados:

> Os meses de novembro e dezembro (fim do verão) são as épocas mais abundantes de produção. Fazem-se as vaquejadas duas vezes no ano nas fazendas de grande criação, e isto sucede nos meses de janeiro e junho. Porém nas pequenas fazendas, uma só vez. Os meses de janeiro e junho são o tempo mais feliz do fazendeiro e mais divertido para os vaqueiros que se empenham em provar muita perícia no exercício de suas funções. Nesses meses se fazem também as vaquejadas do gado grande, que tem de ser remetido para as feiras ou vendido nas porteiras dos currais aos negociantes ambulantes.[23]

---

22 Apud MOTT, L. *Piauí colonial*. Teresina: Projeto Petrônio Portella, 1985.

23 D'ALENCASTRE, J. M. P. Memória Chronológica, histórica e Corographica da Província do Piauhy. *Revista do Instituto Histórico e Geográfico Brasileiro*, t.XX, 1857, p.68. Apud MOTT, L. Op.cit., p.66.

No fim do século XVII, 84% das fazendas piauienses usavam escravos e 23%, índios. Entretanto o número de escravos por fazenda era reduzido: um, dois, até seis cativos. Mas na segunda metade do século XVIII, os escravos representavam quase a metade da população rural.[24]

A atividade pastoril ligava regiões dilatadas não apenas pela extensão das fazendas, mas também em virtude de rotas de comercialização do gado. No Nordeste, houve a famosa feira do Capoame, na Bahia, para onde afluía e era vendido o gado do Piauí. No Sudeste, a feira de Sorocaba, em São Paulo, era centro distribuidor do gado criado no Rio Grande do Sul, em Santa Catarina e no Paraná.

O notável do complexo pastoril era a constante circulação de homens e animais. A pecuária desenvolveu-se no Brasil meridional com a abertura da estrada do sul por volta de 1733, e cresceu sem parar até a segunda metade do século XIX, quando decaiu com a implantação das estradas de ferro. O caminho das tropas, ligando o Rio Grande do Sul a São Paulo, incentivaria a criação de pousos, transformados depois em fazendas que criavam animais e alugavam pastos para os comboios de mulas em trânsito. O trajeto era tão longo e demorava tantos meses, que era necessário descansar as tropas e engordá-las várias vezes antes de apresentá-las aos compradores em Sorocaba. Na década de 1830, a média anual de animais, sobretudo muares, chegados à feira, foi de quase vinte mil cabeças, aumentando na década de 1850 para quarenta mil. O destino do gado era Minas Gerais, as regiões cafeeiras fluminenses e paulistas e grandes centros urbanos, como a cidade do Rio de Janeiro.

Quase todas as fazendas empregavam escravos, seja na criação, na invernagem, ou no tropeirismo. Saint-Hilaire pôde observar escravos que participavam de marcação de gado, doma de potros chucros, castração de novilhos e for-

---

24 MOTT, L. Op. cit., p.45-92.

necimento de sal aos rebanhos, além de exercerem a função de capatazes e condutores de tropas e de cuidarem da agricultura de subsistência nas fazendas. Em Pelotas e em outras localidades gaúchas, desenvolveu-se também outra atividade decorrente da pecuária, as charqueadas, com alta concentração de escravos, reunindo uma média de 64 cativos por estabelecimento na primeira metade do século XIX.

Nas regiões de pecuária e, em geral, de subsistência, havia maior equilíbrio entre o número de escravos de sexo masculino e feminino como consequência da maior facilidade para a formação de famílias. Predominavam os escravos crioulos, ou seja, nascidos no Brasil, havendo menor influência do tráfico africano. Os índices de casamento eram mais altos, a mortalidade, menor e a alta fecundidade fazia que a população escrava infantil fosse muito significativa.

O trabalho do escravo nas cidades

O mundo urbano oferecia também aos escravos oportunidades mais favoráveis e maior domínio de seu tempo, em comparação com os que trabalhavam nas atividades rurais de exportação. Nas cidades eles circulavam de forma mais livre, relacionavam-se corriqueiramente com pessoas de outras condições sociais, como forros e livres pobres, e estavam sujeitos a um controle menos severo do que os trabalhadores do eito. Mas eram igualmente destinados a desempenhar atividades manuais, transportar cargas e prestar contas a seu senhor.

No Rio de Janeiro, grande centro urbano e capital do Império, no século XIX os escravos exerciam tarefas domésticas, ocupações agrícolas e manufatureiras, nos transportes e em obras públicas, no comércio ambulante e artesanato, ou seja, uma larga variedade de incumbências.

Foram afamados os "negros de ganho" que vendiam pelas ruas, ou de casa em casa, doces, quitutes, refrescos, frutas, aves e ovos, roupas, chaleiras, velas, estatuetas de santos e até poções de amor. A atividade envolvia ambos os sexos, com destaque para as mulheres, competindo com vendedores ambulantes portugueses e espanhóis. Tratava-se de atividade regulamentada, para a qual era necessário requerer licença municipal.

Outra função dos escravos urbanos que aparece com frequência nas gravuras e pinturas da época era a de carregadores e almocraves. Ocupações em especial masculinas nas quais eram forçados a transportar por terra, e às vezes por água, bens e gente. Carregavam de tudo: sacas de café, sal, pianos, móveis, carvão, colocando as mercadorias nos ombros ou na cabeça. Os proprietários demandavam seus serviços para serem transportados em redes ou cadeirinhas, e também os estrangeiros, ganhando bons trocados.[25]

Registre-se que os escravos urbanos e domésticos foram os que conseguiram as mais altas taxas de manumissão em decorrência das chances maiores de reunir um pecúlio.

Resistência escrava

Independentemente da função produtiva ocupada pelo escravo, os protestos, as fugas e as rebeliões foram uma constante durante a vigência da economia escravista, emergindo modalidades diferentes conforme as possibilidades que os escravos encontravam, mas tendo em geral o traço comum de brotarem em decorrência da exploração ou da imposição de condições inaceitáveis de trabalho. As fugas e a

---

25 KARASCH, M. C. *A vida dos escravos no Rio de Janeiro*, 1808-1850. São Paulo: Companhia das Letras, 2000, cap. 7.

formação de quilombos foram uma opção radical de quem se negava a continuar vivendo sob as condições do escravismo, mas talvez a resistência mais comum tenha sido outra, que não reclamava necessariamente a abolição do sistema, mas sim a melhoria das condições de trabalho e de vida, ou a manutenção de direitos anteriormente conquistados. Verificaram-se desde grandes rebeliões planejadas com afinco, até a resistência cotidiana dentro das unidades produtivas ou nas casas-grandes, desembocando em boicotes à produção, pequenos furtos, violência física e verbal, ou simples recusas em cumprir determinações estipuladas pelos senhores e feitores.

A região das Minas Gerais, por exemplo, caracterizou-se pela formação de inúmeros quilombos, mais de cem no século XVIII. Os escravos fugiam da disciplina rigorosa, dos castigos, motivados pela ânsia de liberdade e independência. Uma vez nos quilombos, passavam a viver da agricultura, da mineração e de assaltos. Um exemplo foi o quilombo de São Gonçalo (ver planta), onde os quilombolas, além das trincheiras e fossos para defesa, tinham habitações, casas de ferreiro, casa de pilões e cultivavam hortas.

A formação de quilombos, entretanto, não foi exclusividade do estado de Minas, mas um fenômeno generalizado em todo o Brasil. O maior de todos e mais duradouro formou-se em Alagoas: o Quilombo dos Palmares, que reuniu cerca de dez milhares de escravos e perdurou ao longo de todo o século XVII, resistindo a várias expedições punitivas e conseguindo um grau de desenvolvimento interno bem mais sofisticado que qualquer outro.

A resistência dentro dos engenhos pode ser exemplificada por um documento redigido pelos escravos do engenho Santana, na Bahia, em 1789, quando organizaram uma greve e apresentaram ao senhor um *Tratado de Paz* a título de exigência para o retorno ao trabalho.

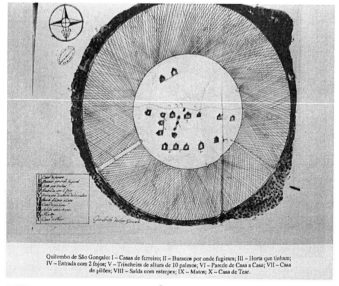

Quilombo de São Gonçalo: I – Casas de ferreiro; II – Buracos por onde fugiram; III – Horta que tinham; IV – Entrada com 2 fojos; V – Trincheira de altura de 10 palmos; VI – Parede de Casa a Casa; VII – Casa de pilões; VIII – Saída com estrepes; IX – Matos; X – Casa de Tear.

FIGURA 2. PLANTA DO QUILOMBO DE SÃO GONÇALO, MINAS GERAIS, SÉCULO XVIII.

FONTE: *ANAIS DA BIBLIOTECA NACIONAL*, RIO DE JANEIRO, V.108, 1988, P. 107.

> *Tratado de paz dos escravos do engenho Santana para voltar ao trabalho*
>
> Em 1789, em Ilhéus, no engenho Santana, cerca de 300 escravos sublevaram-se, mataram o mestre de açúcar, e redigiram um tratado proposto a Manoel da Silva Ferreira, seu senhor, especificando as condições para o retorno ao trabalho:
>
> "Meu Senhor, nós queremos paz e não queremos guerra; se meu senhor também quiser nossa paz há de ser nessa conformidade, se quiser estar pelo que nós quisermos, a saber:
>
> Em cada semana nos há de dar os dias de sexta-feira e de sábado para trabalharmos para nós não tirando um destes dias por causa de dia santo.
>
> Para podermos viver nos há de dar rede, tarrafa e canoas.
>
> Não nos há de obrigar a fazer camboas, nem a mariscar, e quando quiser fazer camboas e mariscar mande os seus pretos Minas.
>
> Para o seu sustento tenha lancha de pescaria ou canoas do alto, e quando quiser comer mariscos mande os seus pretos Minas.

TRABALHO COMPULSÓRIO E TRABALHO LIVRE NA HISTÓRIA DO BRASIL

Faça uma barca grande para quando for para Bahia nós metermos as nossas cargas para não pagarmos fretes.

Na planta de mandioca, os homens queremos que só tenham tarefa de duas mãos e meia e as mulheres de duas mãos.

A tarefa de farinha há de ser de cinco alqueires rasos, pondo arrancadores bastantes para estes servirem de pendurarem os tapetes.

A tarefa de cana há de ser de cinco mãos, e não de seis, e a dez canas em cada feixe.

No barco há de pôr quatro varas, e um para o leme, e um no leme puxa muito por nós.

A madeira que se serrar com serra de mão embaixo há de serrar três, e um em cima.

A medida de lenha há de ser como aqui se praticava, para cada medida um cortador, e uma mulher para carregadeira.

Os atuais feitores não os queremos, faça eleição de outros com a nossa aprovação.

Nas moendas há de pôr quatro moedeiras, e duas guindas e uma carcanha.

Em cada uma caldeira há de haver botador de fogo, e em cada terno de tachas o mesmo, e no dia sábado há de haver remediavelmente peija no Engenho.

Os marinheiros que andam na lancha além de camisa de baeta que se lhes dá, hão de ter gibão de baeta, e todo o vestuário necessário.

O canavial de Jabirú o iremos aproveitar por esta vez, e depois há de ficar para pasto porque não podemos andar tirando canas por entre mangues.

Poderemos plantar nosso arroz onde quisermos, e em qualquer brejo, sem que para isso peçamos licença, e poderemos cada um tirar jacarandás ou qualquer pau sem darmos parte para isso.

A estar por todos os artigos acima, e conceder-nos estar sempre de posse da ferramenta, estamos prontos para servirmos como dantes, porque não queremos seguir os maus costumes dos mais Engenhos.

Poderemos brincar, folgar, e cantar em todos os tempos que quisermos sem que nos impeça e nem seja preciso licença."

REIS, J. J.; SILVA, E. *NEGOCIAÇÃO E CONFLITO*: A RESISTÊNCIA NEGRA NO BRASIL ESCRAVISTA. SÃO PAULO: COMPANHIA DAS LETRAS, 1989. P.123-4.

O documento é um registro único acerca das formas de contestação dos escravos diante das condições de trabalho. Neste caso, a revolta consistiu em uma ação coordenada de paralisações e fugas, com reivindicações quanto a jornada de trabalho, reserva de tempo para obtenção de um pecúlio, respeito para com atividades de descanso e práticas religiosas, menor rigor na disciplina, inconformidade com mudanças de regras feitas unilateralmente pelos senhores e exigência de maior autonomia na condução do engenho. Note-se, entretanto, que os escravos não reivindicavam a abolição do trabalho escravo.

O *Tratado* é um documento valioso não apenas por ser o único conhecido no Brasil resultante de uma greve de escravos, mas também porque revela dimensões novas do trabalho existente nos engenhos, entre outras, que não se praticava exclusivamente a monocultura como os estudos mais antigos afirmam. Vê-se nele que os cativos, além da produção de açúcar, ocupavam-se também da pesca, da plantação de mandioca, de arroz e do corte de madeira.

O mundo urbano foi igualmente palco de importantes rebeliões escravas. Em Salvador, organizou-se a principal revolta de escravos ocorrida no Brasil: o levante dos malês, sucedido em 1835. No processo aberto para punir os rebeldes, figuraram as ocupações dos revoltosos, mostrando ampla diversidade e articulação entre escravos de numerosos proprietários. Foram presas 317 pessoas, entre escravos e libertos, estando ambas as categorias representadas em serviços urbanos: trinta eram carregadores de cadeiras, sendo quinze escravos e quinze libertos; sete escravos e um liberto trabalhavam em trapiches de açúcar e fumo no cais do porto; seis réus eram cortadores de carne, havendo também uma lavadeira, um caixeiro e um cuidador de lampiões da iluminação pública. Do serviço doméstico provinham 25 escravos e cinco libertos, aí incluídos numerosos malês, que descreveram seus afazeres nos depoimentos: lavar a casa, varrer, limpar cadeiras, arrumar a louça, fazer a cama, cozinhar. Há também relatos dos que trabalhavam com artesanato, além de roceiros, remadores, vendedores, alfaiates, calafates, carpinteiros, sapateiros.[26] O levante, embora abortado, foi possível de ser planejado devido à circulação e aos contatos que a escravidão urbana, mais do que a rural, facilitava.

Os libertos e o trabalho

A compra da liberdade, e portanto a transição da condição de escravo para livre, existiu desde cedo no Brasil colonial, mas sempre foi uma aquisição difícil, aberta a uma minoria, e que uma vez conseguida, abria portas, mas nunca o beneficiado conseguiria se igualar, em direitos, à população branca e livre sem ancestrais escravos. Uma dessas restrições era o acesso a certas ocupações e postos, reservados a indivíduos chamados limpos de sangue e com certa posição social e patrimônio.

A alforria e a miscigenação geraram uma população mestiça livre que gradualmente tornou-se, já na época colonial, quase tão numerosa como a escrava, tendo limitações, entretanto, no exercício do sacerdócio, na tropa de primeira linha ou no preenchimento de altos cargos públicos. Em 1872, pardos e mulatos livres já eram largamente majoritários, alcançando 4,2 milhões de pessoas, contra 1,5 milhão de escravos. Perfaziam 42% da população brasileira de dez milhões de habitantes.[27]

---

26 REIS, J. J. *Rebelião escrava no Brasil:* a do levante dos malês em 1835. São Paulo: Companhia das Letras, 2003, cap. 11.
27 KLEIN, H. S. *A escravidão africana na América e no Caribe*. São Paulo: Brasiliense, 1987. p.236ss.

O alto número de libertos em algumas regiões, como na Bahia e em Minas Gerais, deveu-se em parte às melhores possibilidades que escravos tinham de reunir um capital próprio com o qual comprar a sua própria liberdade. Esse pecúlio, autorizado informalmente pelos senhores, vinha em parte do costume senhorial de conceder autorização para que os escravos utilizassem certas parcelas de terra para nelas cultivarem mantimentos, reservando um dia na semana para essa finalidade, dispondo o escravo, livremente, do excedente produzido.[28] Esse mecanismo teria estimulado a cooperação e desencorajado as fugas. Nas cidades, e em particular nas regiões mineradoras, os escravos podiam vender por conta própria alimentos e bens miúdos ou reter para si parte da produção mineral.

Há registros em cartas de alforrias e inventários mostrando que os proprietários tinham recebido dinheiro, animais e até imóveis de seus escravos como pagamento por sua liberdade, e a participação de escravos em circuitos financeiros, sempre em escala modesta, pode atestar-se inclusive pela existência de cadernetas de poupança abertas por cativos, na segunda metade do século XIX.

Os padrões de alforrias indicam que elas atingiram boa proporção de escravos adultos jovens e também de crianças, e não apenas de cativos idosos e doentes, como tradicionalmente se acreditava. Em Campinas, cidade do oeste paulista, as alforrias no século XIX, em plena euforia do café, cresceram, favorecendo mais as mulheres, apesar de a população escrava ser de dois homens para cada mulher. A maioria dos alforriados foi de cor parda, e não negra, pelo menos até a década de 1870, bem como de naturalidade crioula, e não africana. Quanto à idade, mais da metade das

---

28 CARDOSO, C. F. *Escravo ou camponês?* São Paulo: Brasiliense, 1987. p.91ss.

alforrias recaiu na faixa mais produtiva, ou seja, entre os dez e cinquenta anos.[29]

As alforrias podiam ser gratuitas ou onerosas, pagas à vista ou em parcelas, livre de obrigações ou condicionadas à prestação posterior de serviços. Em Campinas, dois terços das alforrias foram onerosos. Na Bahia predominaram as alforrias gratuitas até 1730, voltando essa característica a ser dominante na primeira metade do século XIX, e em outras regiões, conforme a conjuntura, esse traço se alternava. O fato é que, independentemente das facilidades e dos preços, a maior parte dos escravos nunca conseguiu sua alforria, seja deles próprios ou de familiares próximos.

O padrão de vida mais comum dos forros foi de pobreza, com pessoas destituídas de bens. Houve, no entanto, exceções surpreendentes. Em testamento lavrado em Salvador, em 1844, Joaquim D'Almeida, nascido no Daomé, enumera seu patrimônio colossal, deixando também entrever sua história, absolutamente impressionante:

> Em nome de Deus, amém,
>
> Eu, Joaquim D'Almeida, nascido na Costa da África, liberto, e encontrando-me atualmente nesta cidade [Salvador], em estado celibatário, e estando no ponto de partir para a Costa da África, não tendo mais a garantia de continuar em vida durante esta viagem, decido fazer meu testamento, última e derradeira vontade, visto que tenho toda a minha razão e meu bom-senso.
>
> 1.º – Se eu morrer fora desta cidade, rezarão aqui, para o repouso de minha alma, quatro missas de capela e mais duas missas pela alma de Quitéria Nunes de Jesus, e duas outras pela alma de Damiana e duas outras por Antonio dos Anjos, todas com esmolas [feitas com patacas].
>
> No dia que fizer um ano que terei falecido, far-se-á um ofício com cantos no convento de São Francisco desta cidade, e no fim do ofício,

---

29 EISENBERG, P. L. Ficando livre: as alforrias em Campinas no século XIX. *Estudos Econômicos*, v.17, n.2, 1987, p.175-216.

dividirão aos pobres que estiverem assistindo noventa e seis mil réis, a esmola sendo uma pataca para cada um dos pobres.

E no caso em que eu faleça nesta cidade, far-se-á outro ofício de corpo presente, com as mesmas esmolas para os pobres. Meu corpo amortalhado no hábito dos Religiosos de São Francisco e enterrado no mesmo convento desta cidade, e com vinte e cinco missas de corpo presente.

[...]

3.º – Declaro que os bens que eu possuo são os seguintes: a soma de 4.721.850 réis, valor do interesse de um oitavo da carga da polaca sarda, Joanito, cujo capitão é Nicolo Besso, e caixa nesta cidade o Sr. Joaquim Alves da Cruz Rios, o qual vaso partiu para a Costa da África em outubro do corrente ano [1844], aos cuidados de Querino Antonio.

4.º – Declaro que possuo a mais o valor de 36 escravos em Havana nas mãos do Sr. José Masorra, sobre os quais dei ordem de enviar o montante [do valor] de 26 escravos ao Sr. Joaquim Alves da Cruz Rios nesta cidade, como dei igualmente a ordem de remeter o montante [do valor} de 10 escravos ao Sr. Manoel Joaquim d'Almeida nesta cidade, o sobredito primeiro executor testamentário.

5.º – Declaro que possuo a mais em Pernambuco nas mãos do Sr. Manoel Joaquim Ramos e Silva o valor de 20 escravos. Dei a ordem de remeter o montante ao Sr. Joaquim Alves da Cruz Rios, nesta cidade.

6.º – Declaro possuir em meu poder 9 escravos: 4 mulheres e 5 homens, que são os seguintes: Marcelino, da nação gege, João, da nação nagô, David, da nação nagô, Feliciano, da nação nagô, Felismina, da nação mina, Maria, da nação gege, Jesuina, da nação nagô e Benedictina, da nação nagô.

[...]

11.º – Declaro que meu executor testamentário libertará imediatamente às custas de meus bens a negra africana Roza, da nação nagô, escrava do Sr. Rapozo Ferreira, e lhe pagará depois de sua libertação duzentos mil réis em alívio de minha consciência pelos bons serviços que me forneceu; no caso em que tenha mudado de casa nesta cidade ou fora dela, o executor testamentário fará diligência para libertá-la às custas de meus bens, e no caso em que ela seja libertada antes de meu falecimento, meu executor testamentário lhe pagará às custas de meus bens o valor de sua liberação, independentemente dos duzentos mil réis que acima lhe faço pagar. Igualmente, meu executor

> testamentário libertará imediatamente às custas de meus bens minha escrava Felismina, da nação mina, e da mesma maneira ele libertará minha outra escrava Benedita, da nação nagô; estas duas escravas gozarão sua liberdade pelos bons serviços que me prestaram.
> [...]

FONTE: VERGER, P. *OS LIBERTOS*. SÃO PAULO: CORRUPIO, 1992. P.116-21.

Joaquim fora escravo do capitão de navio negreiro Manuel Joaquim D'Almeida, de quem adotou o sobrenome. Seu nome nativo era Gbego Sohpa. Passando a trabalhar com seu senhor no tráfico de escravos, Joaquim conseguiu sua liberdade, abraçou a religião católica sem abandonar as crenças africanas, e transformou-se aos poucos em um poderoso comerciante de escravos da Bahia e da África.

Por ocasião da feitura de seu testamento de 1844 possuía 36 cativos em Havana, vinte em Pernambuco, outros nove em Salvador, além de casa térrea na cidade. Redigiu testamento porque se prontificou a viajar à Costa da África e temeu morrer na travessia. Não era sua primeira viagem de retorno. Nas décadas anteriores viajara várias vezes de navio para Aguê, mostrando familiaridade com importantes portos negreiros da África. Seu retorno desta vez foi novamente sem percalços, mas não mais voltou ao Brasil. Fixou residência na África, em Aguê. Faleceu em 1857, depois de multiplicar mais uma vez sua riqueza, ampliar ainda mais seus negócios e gerar uma extensa descendência: o livro de batismos da capela local registra o batizado de quinze filhos e seis filhas nascidos entre 1846 e 1855, juntamente com 73 escravos. Pouco antes de morrer, batizara mais dois filhos e quatro filhas, além de dezenove escravos. Em outras paróquias de Uidá e Lagos foram encontrados registros de mais 55 filhos de Joaquim. Ao todo foram 82, após seu retorno à África.[30]

---

30 VERGER, P. *Os libertos*. São Paulo: Corrupio, 1992. p.43-8.

Este é um exemplo evidentemente excepcional, um caso fora do padrão normal dos alforriados, pois a maioria não conseguiu prosperar, romper com o preconceito da sociedade em relação aos ex-escravos, nem superar a exclusão.

2 Trabalhadores livres: migrantes nacionais e estrangeiros

A partir de meados do século XIX, como em nenhum período anterior, acentuaram-se notavelmente as migrações inter-regionais de escravos e libertos e a imigração estrangeira, Contribuiu para esse fenômeno a desagregação do regime escravista e, portanto, a busca por alternativas para o suprimento de mão de obra antes oriunda da África. A emergência e a disseminação nacional de novos setores, como indústria e serviços, e, já no século XX, o crescimento urbano resultante da expulsão de trabalhadores do campo em decorrência da tecnificação foram fatores que levaram ao deslocamento de famílias inteiras para as cidades e para as áreas de fronteira.

Na segunda metade do século XIX, as regiões que mais absorveram mão de obra foram o Sudeste, em busca de braços para a cultura cafeeira, e a Amazônia, onde a produção de borracha crescia sem parar. O Nordeste ofereceu importantes contingentes de população escrava e livre que migraram em decorrência do declínio do trabalho escravo, bem como da sucessão de flagelos provocados por secas dramáticas.

No século XX, a partir de 1930, as migrações internacionais decresceram, tornando a realocação espacial de mão de obra nacional muito mais decisiva na oferta de força de trabalho para os setores urbanos: a indústria e os serviços.

Na segunda metade do século XX, o êxodo rural marcou a tônica do movimento.

A circulação dos escravos

A movimentação interna dos escravos foi incrementada com a abolição do tráfico internacional de escravos para o Brasil, em 1850. A consolidação e o crescimento de nova cultura agroexportadora, como o café, na Região Sudeste, ampliaram a demanda de mão de obra escrava. O aumento do contingente de cativos para a cultura do café passou a ter origem em duas frentes: a reprodução natural que se ampliou muito em relação aos períodos anteriores e a circulação interna de longa distância, sobretudo com a compra de escravos oriundos do Nordeste por parte do estado de São Paulo.

A formação de famílias e a reprodução natural – ou seja, o nascimento de escravos – ampliaram-se de modo significativo após o término do tráfico internacional. Os escravos passaram a casar-se na Igreja Católica, ou a permanecer em uniões consensuais, aumentando, graças à fecundidade, o número de mulheres e de crianças cativas. Também aumentaram os casamentos mistos, isto é, os formados por casais em que um cônjuge é escravo e outro, livre, em geral forro. No casamento misto, o cônjuge livre assinava um documento (termo de seguimento) em que se comprometia a acompanhar o consorte escravo para onde quer que o senhor o quisesse levar.

As alforrias cresceram consideravelmente, em virtude das leis de abolição gradual da escravidão, da desorganização crescente da produção com as revoltas e da ação do movimento abolicionista, além das fugas, muitas vezes facilitadas por homens livres proprietários que vislumbravam o fim próximo da escravidão.

TRABALHO COMPULSÓRIO E TRABALHO LIVRE NA HISTÓRIA DO BRASIL

Mas foi a transferência de escravos entre províncias distantes que, na segunda metade do século XIX, forneceu a maior parcela de escravos novos para as regiões cafeeiras do Sudeste. Embora as informações sejam escassas, alguns dados existentes para anos esporádicos permitem vislumbrar o que se passava. Sabe-se, por exemplo, que do total de escravos levados para o Rio de Janeiro, em 1852, 82% haviam nascido em outras regiões do Brasil, e o restante na África. Desses escravos crioulos, 83% haviam nascido no Nordeste, em particular na Bahia, em Pernambuco e no Maranhão. Também os escravistas do Rio Grande do Sul, que enfrentavam uma crise na indústria do charque, vendiam escravos para o Rio de Janeiro.[1]

Embora grande parte dos escravos chegados ao Rio de Janeiro estivesse trabalhando na agricultura em seus lugares de origem, e para ela também fossem encaminhados, quase a metade deles consistia em escravos treinados em diversos ofícios – costureiras, carpinteiros, alfaiates, sapateiros, pedreiros –, funções para as quais havia bastante demanda por causa do crescimento urbano e da expansão econômica propiciada pelo café.

O recenseamento imperial de 1872 registrou as populações escravas de todas as províncias, e nele se podem constatar as três principais províncias escravistas na época, pela ordem, Minas Gerais, Rio de Janeiro e São Paulo, com efetivos que chegavam a 370 mil, 342 mil e 157 mil cativos, respectivamente. Em Minas Gerais e no Rio de Janeiro o aumento da população escrava em decorrência da reprodução natural foi expressivo. Em São Paulo nota-se o mesmo fenômeno, mas seu contingente cresceu igualmente em razão da transferência de cativos de Minas e do Rio, oriundos de áreas não cafeeiras. No início da década de 1880, as

---

1 GRAHAM, R. Nos tumbeiros mais uma vez? O comércio interprovincial de escravos no Brasil. *Afro-Ásia*, n.27, 2002, p.121-60.

três províncias criaram impostos de tal modo pesados para a importação de escravos de outras províncias que o tráfico interprovincial praticamente desapareceu.

O movimento da abolição, "onda avassaladora que invadiu corações e mentes", disseminou-se na década de 1880 pelas grandes e pequenas cidades e também pelas fazendas de café. A campanha abolicionista desembocou em crescentes fugas, sabotagens, crimes e insurreições coordenadas, com ampla participação de escravos. Estes reivindicariam a liberdade e também, uma vez libertos, muitos sonhariam com a posse de um lote de terra no qual plantar livremente, com ritmo próprio, distante do trabalho vigiado da fazenda.[2] Destino este de uma minoria de libertos. Contudo, pouco se sabe dos caminhos seguidos pelos ex-escravos, deixados à sua própria sorte após a abolição da escravidão. Sabemos, no entanto, que entre os projetos para a formação de um mercado de trabalho livre, principalmente nas áreas cafeeiras, o trabalhador nacional liberto foi desconsiderado, preferindo-se recorrer, para preencher a falta de braços, à imigração estrangeira.

A circulação de trabalhadores livres

Na segunda metade do século XIX, mais do que o tráfico interno de escravos, que redundou em um movimento médio estimado de cinco mil cativos por ano, os deslocamentos populacionais mais expressivos foram os de trabalhadores livres. Do Nordeste brasileiro saíram milhares de braços, e no Ceará, por exemplo, calcula-se que, entre 1869 e 1900, trezentas mil pessoas deixaram a região – em média, 9.400 por ano.

---

2 MACHADO, M. H. *O plano e o pânico*. São Paulo: Edusp/Editora UFRJ, 1994, cap. 1.

TRABALHO COMPULSÓRIO E TRABALHO LIVRE NA HISTÓRIA DO BRASIL

A emigração cearense acompanhava os flagelos climáticos, as secas, já conhecidas em épocas remotas, mas nenhuma com a virulência da de 1877-79, que castigou não apenas o Ceará, como também o Rio Grande do Norte, a Paraíba e diversas áreas de outras províncias nordestinas. A tragédia foi percebida no outono de 1877, quando a falta de chuvas começou a matar animais e a população rural migrou para as cidades em busca de comida. Em agosto, Fortaleza já havia recebido mais de cinquenta mil retirantes, todos famintos, em andrajos, depois de terem percorrido dezenas de quilômetros a pé pelo sertão escaldante, deixando para trás plantações e propriedades. No fim do ano, os flagelados do Nordeste já alcançavam mais de dois milhões de pessoas, segundo jornal da época.[3]

O drama da seca acabaria gerando acampamentos gigantescos nas principais cidades que, sem condições de higiene e com água insalubre, foram atingidas por uma epidemia de varíola em 1878, cujo saldo chegou a mais de trinta mil mortes só na cidade de Fortaleza. A fome, a convulsão social e a incapacidade local para atender a tantos necessitados impulsionaram as autoridades a fornecer passagens de navio para aliviar a tensão, estimulando a emigração de flagelados. Nova seca em 1888-89 repetiria os sofrimentos e prolongaria a emigração.

O destino dos cearenses atingidos pelas secas (e dos nordestinos, em geral) foi sobretudo o Norte. Na seca de 1888-89, quase 57% dos migrantes deslocaram-se para o Amazonas e o Pará, seduzidos pelas possibilidades de trabalho na cultura cacaueira e, principalmente, na exploração da borracha, então no auge. Outros 29% dirigiram-se ao Sudeste, com destaque para o Rio de Janeiro.[4]

---

3 VILLA, M. A. *Vida e morte no sertão*. São Paulo: Ática, 2000, cap. 2.
4 NOZOE, N. et al. *Os refugiados da seca*: emigrantes cearenses, 1888-1889. São Paulo: NEHD/Nepo/Cedhal, 2003.

A borracha foi responsável por um salto excepcional na demanda de mão de obra na Amazônia. A população regional, que em 1872 era de 332 mil habitantes, passou para 1.217.000 em 1910. Estima-se que nesse período tenham chegado em torno de quatrocentos mil nordestinos a terras amazonenses, a maioria proveniente do Ceará.[5] Foi uma época de fausto para os coronéis da borracha e de agitada vida cultural em cidades como Belém e Manaus. Nesta última erigiu-se o Teatro Amazonas, majestoso palácio de quatrocentas mil libras esterlinas. Tal riqueza provinha dos seringais espalhados pela imensa floresta amazônica, em particular no Acre.

De início, entrava-se na floresta a procura das seringueiras, destruindo-as para retirar todo o látex. Com a valorização da borracha, passou-se a ocupar a terra, legalizando as posses que haviam sido escolhidas conforme a intensidade da ocorrência das árvores.

O seringal dividia-se em duas partes: margem e centro. Na margem havia um barracão principal e outros menores. No principal, em construção mais resistente, localizava-se a moradia do seringalista, o patrão, e também seu escritório e depósitos de mercadorias. Com o passar do tempo e o alto lucro da borracha, essa construção passou a esmerar-se, copiando modelos europeus de edificação. Nos barracões menores, mais simples, viviam os empregados: o guarda-livros e os caixeiros eram encarregados das contas, dos depósitos e do abastecimento; os homens de campo plantavam e, sobretudo, conservavam as benfeitorias; os comboieiros eram responsáveis pelo transporte entre a margem e o centro, e vice-versa. Entre os empregados também havia mateiros e toqueiros, que realizavam o trabalho preliminar de reconhecimento das árvores e de abertura de estradas, respectivamente.

O alicerce da extração da borracha era o seringueiro, em geral vindo do Nordeste, que com um ano de treinamento

---

5 SANTOS, R. *História econômica da Amazônia (1800-1920)*. São Paulo: T. A. Queiroz, 1980, cap. 4.

tornava-se um trabalhador completo. Vivia no centro, no interior do seringal, em habitações precárias que dividia com mais um companheiro, pois normalmente se encontrava só, sem a família. Alimentava-se mal e sujeitava-se aos riscos da floresta, como os animais selvagens e as doenças típicas da região, em especial a malária. Por isso a mortalidade era extremamente alta.

O látex era extraído no verão, de maio a setembro, quando o tempo era mais seco. Os seringueiros o extraíam e produziam as bolas de borracha, forma com que a matéria-prima saía dos seringais. A jornada alcançava 16 horas diárias, integralmente dedicada à borracha: começava de madrugada, quando o seringueiro se dirigia às estradas, ladeadas por um número que variava entre cem e duzentas seringueiras. Cada um responsabilizava-se, em geral, por três estradas. Levavam como equipamento uma lanterna na testa, a *poronga*, um rifle e um facão amarrado na cintura. Limpavam o tronco e faziam incisões leves através das quais escorria o látex recolhido em uma pequena tigela fixada no tronco. Voltavam para a barraca por volta das duas horas da tarde, faziam uma ligeira refeição e punham-se a defumar o látex recolhido formando bolas que eram remetidas ao proprietário do seringal em canoas. Navios a vapor então transportavam-nas ao longo dos rios, até alcançar Manaus ou Belém.[6]

Chegam mais trabalhadores: a imigração internacional

A imigração internacional foi a alternativa escolhida para suprir a demanda crescente de mão de obra nas áreas cafeeiras do Sudeste e nas regiões do Sul. Em São Paulo, na

---

6 PRADO, M. L. C., CAPELATO, M. H. R. A borracha na economia brasileira da Primeira República. In: *História geral da civilização brasileira*. São Paulo: Difel, 1977. t.3, v.1, p.291-6.

última década do século XIX, houve quase quatro vezes mais estrangeiros do que brasileiros vindos de outros estados. O Rio de Janeiro apresentou igual tendência. No caso do Paraná, de Santa Catarina e do Rio Grande do Sul, os movimentos da população nacional e estrangeira foram, nesse período, mais radicais: nos três estados substituíram-se trabalhadores nacionais – que emigraram – por imigrantes estrangeiros que chegaram em fluxos bem superiores. Foi esse também o caso de Minas Gerais.

Nas duas décadas seguintes, entre 1900 e 1920, todos os estados do Sudeste e do Sul receberam nacionais e estrangeiros em números mais ou menos equivalentes, exceto São Paulo e Minas Gerais. Estes acolheram estrangeiros, mas perderam elevado número de trabalhadores nativos, que se dirigiram a outros estados, tendência que se manteve em todo o século XX. São Paulo, ao contrário, perdeu reduzido número de nativos e recebeu a maior parte dos estrangeiros ingressados no país – em torno de 60% do total.

FIGURA 3. CHEGADA DE IMIGRANTES EUROPEUS NO NAVIO EUBÉE, PORTO DE SANTOS, 15 DE MAIO DE 1931.

Por que a migração interna de trabalhadores nacionais foi tão restrita no Sudeste e no Sul, quando comparada com a estrangeira, se havia grandes oportunidades de empregos? Por que os trabalhadores brasileiros – ex-escravos, mestiços, brancos pobres – foram preteridos?

As razões apontadas são várias: preconceito dos fazendeiros com relação à mão de obra doméstica e mestiça, avaliada como preguiçosa e indigna de confiança, ao contrário da força de trabalho branca europeia; para os trabalhadores do Nordeste, em lugar de São Paulo, as áreas amazônicas seriam alternativas mais convidativas pela navegação mais fácil e próxima, pela presença de agenciadores da região da borracha em portos nordestinos que tornavam mais ágeis os trâmites e em razão da crença de que na Amazônia – e não em São Paulo – haveria mais chances de se fazer fortuna. Acrescente-se, ainda, o excedente populacional verificado nessa conjuntura na Itália, que facilitava a migração de sua população e, por último, os custos do transporte marítimo para São Paulo que não teriam variado sensivelmente nos navios vindos do Nordeste comparados com os saídos da Itália.[7] Alega-se também que em um primeiro momento, aquele que se segue à abolição da escravidão, os ex-escravos, por causa de sua ampla participação no movimento abolicionista, provocaram temor nos proprietários, diferentemente dos imigrantes estrangeiros vistos como mais dóceis. Mas, em um segundo momento, a partir da década de 1920, a percepção em relação ao imigrante e ao trabalhador nacional teria-se invertido: a participação dos primeiros em greves e movimentos anarquistas, socialistas e comunistas teria favorecido o trabalhador nacional, encarado agora como mais prestativo e ordeiro.[8]

---

7 GRAHAM, D. H., HOLANDA FILHO, S. B. de. *Migrações internas do Brasil, 1872-1970*. São Paulo: IPE/USP, 1984, cap. 2.

8 ANDREWS, G. R. *Negros e brancos em São Paulo (1888-1988)*. Bauru: Edusc, 1998, cap. 2 e 3.

A imigração estrangeira entre o fim do século XIX e as primeiras décadas do XX representou um movimento populacional tão gigantesco como o de escravos africanos pelo Atlântico dos três séculos anteriores, destacando-se o fato de envolver população livre, oriunda basicamente da Europa e da Ásia.

Embora antes dos últimos vinte anos do século XIX houvesse grande deslocamento de europeus em direção à América – 11,8 milhões saíram do Velho Continente, do início do século até por volta de 1880 –, o Brasil recebeu apenas 460 mil imigrantes nessa época, que se estabeleceram predominantemente no Rio Grande do Sul e em Santa Catarina, em pequenas propriedades dedicadas à agricultura. A grande massa de imigrantes veio para a América entre 1880 e 1915: 31 milhões de pessoas. Nesse período migraram 21,5 milhões para os Estados Unidos, 4,2 para a Argentina e 2,9 para o Brasil. A maioria, provavelmente, pensava em ir ao Novo Mundo para amealhar um pecúlio e depois voltar.[9] Como isso demandava muito tempo, foram se estabelecendo, adotando novos costumes, casando-se e criando filhos, acabando por ficar nos países de adoção. Calcula-se que no Brasil permaneceram cerca de 50% dos que chegaram nessa época, retornando a outra metade a seus países de origem ou envolvendo-se em migrações para outras nações.

Depois da década de 1930, o movimento imigratório tendeu a diminuir, mas continuou havendo entrada de imigrantes provenientes de grande variedade de regiões, não mais se dirigindo para as atividades agrícolas, mas preferencialmente para as áreas urbanas.

Os imperativos econômicos foram o principal fator de expulsão das populações de sua terra natal. Vieram da Europa e da Ásia indivíduos e famílias vinculados à agricultura,

---

9 KLEIN, H. S. Migração internacional na história das Américas. In: FAUSTO, B. (Org.). *Fazer a América*. São Paulo: Edusp, 2000. p.13-31.

que em seus países não tinham como sobreviver. Na Europa ocorrera uma transição demográfica, isto é, mudaram os padrões de crescimento das populações: mantiveram-se os índices de natalidade e as taxas de mortalidade caíram, possivelmente em decorrência da melhoria de hábitos higiênicos e alimentares e da vacinação contra a varíola. As terras disponíveis tornaram-se insuficientes para a produção e não era possível partilhá-las infinitamente entre uma população que aumentava. Os camponeses passaram a procurar as cidades para trabalhar, mas isso acabou sendo uma solução limitada. A América, com disponibilidade de terras e escassez de mão de obra, representou um grande atrativo para os europeus desejosos de possuir terras e alcançar independência financeira.

O volume e a procedência dos imigrantes para o Brasil registram ritmos claramente identificáveis. Há uma periodização comum que pode ser aplicada a todas as origens, lembrando, entretanto, que a intensidade de chegada de cada grupo estrangeiro nem sempre foi a mesma ao longo do tempo. O pico da imigração foi entre 1880 e 1914, ou seja, até início da Primeira Guerra Mundial, quando chegaram 52% do conjunto de 5,6 milhões de estrangeiros aportados no Brasil entre 1820 e 1972. Outros dois períodos registraram também alta proporção de estrangeiros: 1919-30, com 17%, e 1946-63, com 14% do total; ambos corresponderam aos anos anteriores e posteriores à Primeira e à Segunda Guerra Mundial, respectivamente.

Neste século e meio de imigração (1820-1972), os portugueses constituíram o principal grupo imigrante, com 32% de todos os estrangeiros que ingressaram, seguidos por italianos (29,1%), espanhóis (12,8%), alemães (4,7%), japoneses (4,4%) e diversas outras nacionalidades com porcentuais menores, como russos, sírio-libaneses, poloneses. Até a década de 1870 os portugueses lideravam a imigração, perdendo a primazia para os italianos no período de auge (1880-1915), mas novamente retomando a liderança daí em diante. Já a imigração japonesa foi tardia, iniciando-se apenas em 1908.[10]

O interesse oficial pela imigração foi relativamente escasso na primeira metade do século XIX e o resultado concreto reduziu-se a algumas experiências de colonização no Sudeste e no Sul do país, com êxitos variados. Visavam à constituição da pequena propriedade, ao incentivo à policultura e ao povoamento de regiões fronteiriças. Em meados do século, com o fim do tráfico de escravos, o interesse cresceu, promovendo-se a vinda de imigrantes em regime de parceria, de modo que provesse mão de obra principalmente para a lavoura cafeeira. Foi na década de 1880, contudo, que a imigração disparou, quando o modelo da parceria foi substituído pelo colonato, com as passagens marítimas para os imigrantes subsidiadas pelos governos estaduais e federal, em uma conjuntura em que a produção cafeeira registrou expansão sem precedentes.

O trabalho na terra: a pequena propriedade

No início, imigrantes estrangeiros das mais variadas origens foram dirigidos primordialmente para a terra. A Região Sul do país recebeu indivíduos e famílias que ocuparam as terras em regime de pequena propriedade. Os agrupamentos conhecidos como colônias obtiveram sucesso sobretudo em Santa Catarina e no Rio Grande do Sul.

Desde o início do século XIX, considerava-se a necessidade de se estabelecer uma forma diferente de trabalho. A transferência da Corte para o Brasil, em 1808, com D. João

---

10 KLEIN, H. S. *Imigração espanhola no Brasil*. São Paulo: Sumaré, 1994, cap. 1 e Apêndice.

TRABALHO COMPULSÓRIO E TRABALHO LIVRE NA HISTÓRIA DO BRASIL

VI à frente, fez que se implementasse essa ideia. Pretendia-se dignificar o trabalho manual, até então considerado desprezível, pois os que vinham para o Brasil, mesmo se acostumados a esse tipo de trabalho em suas terras de origem, logo incorporavam costumes locais: brancos não realizavam serviços pesados.

Na primeira metade do século XIX, experiências de maior sucesso com o trabalho livre e a pequena propriedade foram feitas com imigrantes vindos de regiões da Europa. Assim, em 1824, fundou-se a primeira colônia com alemães, em São Leopoldo, próxima a Porto Alegre. Outras surgiram, posteriormente, no Paraná, no Rio de Janeiro, no Espírito Santo e em Minas Gerais. Algumas prosperaram. Dedicaram-se à agricultura e à criação de pequenos animais, mas também ao artesanato, ampliando aos poucos os ofícios exercidos. Além da agricultura de subsistência, passaram a abastecer as grandes cidades próximas de gêneros como verduras, frutas, leite e animais, como porcos e aves.

Em São Leopoldo, em 1829, já havia oito moinhos de trigo, engenhos para a produção de farinha de mandioca, oficinas para a construção de canoas que transportavam os produtos produzidos pelos colonos, uma fábrica de sabão, ferrarias, marcenarias e tecelagem. Nos primeiros tempos os lotes tinham 75 hectares e eram entregues gratuitamente. Após 1840 diminuíram de tamanho, 20 a 25 hectares, e passaram a ser vendidos. A colônia, em 1855, já contava com 12 mil habitantes. Visava-se a criar um campesinato parecido com o que havia na Europa.

Por meio desse sistema estabeleceram-se colonos de outras nacionalidades, como italianos, poloneses, holandeses e ucranianos. Esses colonos, com o aperfeiçoamento das técnicas agrícolas, passaram a produzir gêneros variados, transformando-se em fornecedores de leite, queijo, manteiga, carne, ovos, cereais (milho, trigo, aveia, feijão, arroz). No Rio Grande do Sul, alemães e italianos dedicaram-se à suinocultura.

Em Santa Catarina, a imigração voltada para a constituição da pequena propriedade também alcançou sucesso. Blumenau, Brusque e Joinville são cidades que surgiram desse tipo de colonização. Em 1846, o jovem farmacêutico Hermann Blumenau, a mando da Sociedade de Proteção aos Emigrantes Alemães, foi enviado ao Brasil e conseguiu do governo provincial de Santa Catarina a concessão de 220 km^2 de terras onde implementou um projeto de colonização. Dividiu a gleba em lotes de 24 hectares. Tendo dificuldade em executar o projeto, cedeu a empresa colonizadora ao Governo Imperial, mas continuou como seu diretor. O começo foi difícil: em 1870 tinha apenas cerca de seis mil habitantes, mas foi paulatinamente crescendo, passando a 17 mil em 1883.[11] Além da agricultura, vários ramos industriais também se desenvolveram na região, como o de tecidos e de artigos de malha, dos quais já existiam oito fábricas em Joinvile, em 1895.

Surgiram também colônias na província do Rio de Janeiro, como foi o caso de Petrópolis, com colonos alemães. Pelo formato acidentado de seus terrenos, perdeu gradualmente seu caráter agrícola, adotando um perfil mais urbano, transformada depois em residência de verão do imperador. Várias colônias de poloneses e ucranianos fixaram-se no Paraná, e suíços no Espírito Santo. O traço geral das colônias, motivo de muitas controvérsias, foi seu habitual isolamento geográfico e cultural, com pequena participação de brasileiros. Na segunda metade do século XIX, a instalação de colônias e a demarcação de áreas em geral passaram a ser atributo de empresas colonizadoras particulares, diferentemente do período anterior, em que o governo imperial teve atuação central.

---

11 OBERACKER JR., C. H. A colonização baseada no regime da pequena propriedade agrícola. In: *História geral da civilização brasileira*, v.5, p.220-4.

O trabalho na terra: mais braços para a lavoura

Em São Paulo necessitava-se de mais braços para a lavoura do café, cujas plantações se expandiam pelo interior da província. Tendo-se apoiado no trabalho dos escravos africanos e crioulos, com a abolição do tráfico, em 1850, os fazendeiros paulistas de café consideraram a possibilidade de contar com trabalhadores imigrantes.

Fizeram-se as primeiras experiências por meio de contratos chamados de parceria. Foi um sistema que passou por modificações ao longo dos anos em que foi aplicado, entre 1847 e 1870. Os fazendeiros pagavam a viagem da Europa até São Paulo e adiantavam dinheiro aos trabalhadores para se manterem enquanto não obtivessem o sustento com os lotes de terra que lhes eram destinados para plantar gêneros alimentícios. Os imigrantes deveriam, após algum tempo, reembolsá-los das despesas.

Por tal sistema cada imigrante cuidava de determinado número de cafezais, e após a colheita a produção passava para o dono das terras. Após a venda da colheita, cada um ficaria com metade dos lucros. O fazendeiro alugava as moradias aos parceiros, recebendo ainda metade do que excedesse as necessidades da família do trabalhador na área que lhe era destinada para a agricultura de subsistência e criação de animais.

Essa organização gerou muitos problemas porque os parceiros acabavam sempre endividados e alheios às contas dos fazendeiros na venda da colheita, sentindo-se prejudicados. Ocorreram diversas revoltas dos imigrantes. O sistema foi sendo modificado, não chegando de fato a se disseminar, até desaparecer progressivamente.

Um dos ajustes foi uma espécie de empreitada. Pagava-se uma cota fixa por certa quantidade estipulada de café, presumindo-se um volume médio a conseguir por trabalhador. Assim, o trabalhador receberia determinada quantia, independentemente do sucesso ou do insucesso da safra, que corria vários riscos, como o das geadas que afetavam as lavouras em muitas regiões de São Paulo, tal qual ocorreu em 1887, quando se perdeu mais de um terço da produção. O fazendeiro poderia ganhar bastante se o preço do café subisse além das expectativas e a colheita fosse boa, ou poderia ter prejuízos com a queda dos preços ou a perda da safra.[12]

A grande imigração

A grande entrada de imigrantes para o café, contudo, estava por vir. Na Itália, em 1881, havia 8,5 milhões de trabalhadores no campo. A maioria não tinha terras e sobrevivia em condições precárias, com escassas chances de melhoria. Por outro lado, em São Paulo, o crescimento da lavoura cafeeira tornava urgente a incorporação de mais braços, além daqueles até então empregados.

O ingresso dos imigrantes começou a se intensificar em 1889, então subvencionado pelo governo paulista, que tinha interesse em abastecer de braços a lavoura cafeeira. As fazendas para onde se dirigiam eram principalmente as do oeste paulista, cujas plantações foram se ampliando até 1929. Entraram cerca de dois milhões de imigrantes, sendo um terço deles proveniente da Itália. Em 1932, italianos, portugueses e espanhóis detinham 42% das fazendas de café do Oeste paulista, que correspondiam a 33 mil fazendas, com mais de 294 milhões de pés de café plantados.

Os imigrantes chegavam ao porto de Santos e o governo da Província transportava-os por ferrovia até São Paulo, hospedando-os gratuitamente por uma semana na Hospedaria

---

12 HOLLOWAY, T. H. *Imigrantes para o café, 1886-1934*. Rio de Janeiro: Paz e Terra, 1984, cap. 4.

dos Imigrantes – edifício construído para esse fim e concluído em 1888. A Hospedaria fora planejada para abrigar até quatro mil imigrantes, mas alojava, já em seus primeiros anos, até dez mil. Suas instalações ocupavam quase um quarteirão inteiro. No térreo ficavam escritórios, casa de câmbio, sala de atendimento médico, cozinhas e refeitórios e, no andar superior, os dormitórios, quartos enormes onde seiscentos ou setecentos homens, mulheres e crianças dormiam sobre esteiras, ou apinhados no chão. As condições eram precárias e a Hospedaria mais parecia uma prisão, com seguranças evitando que alguém saísse antes de assinar contrato de trabalho. Na própria Hospedaria os imigrantes eram contratados pelos fazendeiros e viajavam em geral por estrada de ferro para o interior, custeados pelo governo, até as fazendas onde iriam trabalhar.[13]

O contrato consistia em pagamentos anuais, dividido em três partes: a primeira era uma quantia fixada a cada mil pés de café de que cuidassem. Estimando-se que cada homem cuidava de dois mil a 2.500 pés, as mulheres e as crianças de mil cada uma, uma família podia cuidar de 12 mil a 14 mil, o que mostra a razão da preferência pelo trabalho familiar. Essa parte representava metade dos ganhos da família. A segunda fração referia-se às tarefas da colheita, paga separadamente; esses serviços não tinham preço fixo, dependendo da quantidade colhida e dos preços do café no momento. A terceira parte incluía serviços esporádicos de manutenção das instalações, transportes e pequenos serviços, em que se obtinha pequena remuneração. A moradia passou a ser gratuita e era em geral de alvenaria e estuque, contendo sala, dois quartos e cozinha.

Provavelmente, o mais importante para essas famílias era a possibilidade de plantar o que comeriam, entre os pés

---

13 Ibidem, p.86-9 e 237-8.

de café ou em lotes para esse fim, principalmente milho, feijão e hortaliças, além de criar porcos e um pouco de gado bovino. De modo distinto da parceria, o fazendeiro não tinha mais direitos sobre essa produção. Em geral, o excedente do consumo da família era vendido nas localidades próximas quando esse mercado era acessível, ou então na própria fazenda ou nas vizinhas; nesse caso, os preços alcançados eram mais baixos.[14]

O sistema de exploração da mão de obra, os baixos salários e a severa repressão provocaram numerosos conflitos nas fazendas, reivindicações dos colonos e até greves, como a ocorrida em Ribeirão Preto, interior de São Paulo, em 1913, relatada no diário de um imigrante:

São Paulo, 28 de abril de 1913.

Em várias fazendas importantes dos arredores de Ribeirão Preto, um dos principais centros agrícolas do Estado, os colonos italianos recusam-se, nestes dias, a dar início à colheita do café com os salários atualmente em vigor. Justificam a sua atitude dizendo que as dificuldades econômicas são profundamente sentidas nestes tempos, especialmente pela enorme alta dos gêneros de primeira necessidade, e pela proibição adotada pelos fazendeiros em relação a eles de cultivar cereais entre as fileiras do café. Exigem então um aumento de salário para os trabalhadores da colheita, isto é dois mil-réis por cada alqueire duplo, ou seja, por cada saco de cem litros de café em grão, colhido.

As últimas notícias informam que a polícia, a convite de alguns fazendeiros, foi em vários lugares e dirigiu aos colonos absurdas ameaças de expulsão. Três colonos foram presos por terem respondido com desenvoltura ao delegado de polícia. Um deles, tendo encontrado o delegado, que se dirigia a uma fazenda de café num carro repleto de soldados, lhe disse: "Teriam feito melhor se tivessem vindo com um carro de alimentos!"[15]

---

14 PETRONE, M. T. S. Imigração assalariada. In: *História geral da civilização brasileira*, v.5, p.287.

15 PINHEIRO, P. S., HALL, M. M. *A classe operária no Brasil*. Documentos (1889 a 1930). São Paulo: Alfa-Ômega, 1979. v.1, p.118-9.

Os imigrantes tinham extraordinário grau de mobilidade territorial. Cerca de um terço deles, após um ano de trabalho em uma fazenda, mudava-se. Transferiam-se para outros estabelecimentos rurais ou deslocavam-se para as cidades. Dedicaram-se ao comércio, ao trabalho nas fábricas e também compraram pequenas propriedades depois de muitos anos de economia. A posse de um lote de terra foi o anseio de grande parte deles. A mobilidade social, característica de muitos processos migratórios, foi um fator extraordinário no caso paulista, sendo a ele atribuído o sucesso da imigração em São Paulo.[16]

O imigrante no trabalho urbano

O trabalho fabril começou a firmar-se no fim do século XIX, proporcionando o engajamento de grande número de imigrantes. Era uma atividade árdua, que disseminou amplamente um novo tipo de relação social de produção, a capitalista.

Embora houvesse trabalhadores nacionais em diversos ramos industriais, predominaram de início os imigrantes. A indústria desenvolveu-se fortemente no Rio de Janeiro e em São Paulo, sendo a presença dos estrangeiros mais acentuada em São Paulo, onde preponderavam os italianos, seguidos de portugueses e espanhóis. No estado de São Paulo, em 1901, os estrangeiros constituíam 90% dos 12 mil operários. Em 1920, trabalhavam nas grandes fábricas e pequenas oficinas do estado cerca de 168 mil pessoas, sendo 40% estrangeiros, número que na cidade de São Paulo subia para 52%. Como empregadores, os estrangeiros

---

16 PETRONE, M. T. S. Imigração. In: *História geral da civilização brasileira*, v.9, p.93-133.

registraram presença ainda mais acentuada: 64% de todas as companhias industriais privadas do estado de São Paulo pertenciam, em 1920, a estrangeiros, e desse total, 75% a italianos. Na cidade do Rio de Janeiro, também era importante o porcentual de mão de obra estrangeira no trabalho industrial: representavam 35% em 1920.[17]

Essa incrível aglutinação de trabalhadores estrangeiros na economia não foi, entretanto, um fenômeno nacional, senão mais próprio das Regiões Sudeste e Sul e, principalmente, de São Paulo: no Brasil, nesse mesmo ano de 1920, o porcentual de estrangeiros na população total não ultrapassava 5%.

O predomínio de trabalhadores estrangeiros em São Paulo e no Rio de Janeiro foi se diluindo com as grandes levas de migrantes do Nordeste do país que para aí se dirigiram a partir de 1930. Pode-se observar essa mudança por meio dos Gráficos 2.1 e 2.2, nos quais se percebe a extraordinária transformação no perfil dos trabalhadores, quanto à origem.

A partir de 1930 vários fatores levaram à diminuição da entrada de imigrantes estrangeiros: as crises da produção de café, os problemas políticos internos, as mudanças políticas e econômicas na Europa, o fim do subsídio oferecido pelo estado de São Paulo para as viagens de imigrantes, em 1928, e a restrição para a entrada de estrangeiros na legislação federal.

Com o trabalho dos imigrantes ocorreu uma valorização social do trabalho, até então considerado degradante. O trabalho das mulheres começou a ser também valorizado, embora continuasse vigorando por muito tempo a ideia de que mulheres livres e de melhor categoria social deveriam

---

17 SIMÃO, A., op. cit., cap. 1; GRAHAM, D. H., HOLLANDA, S. B. de, op. cit., p.48-52.

conservar-se apenas nas atividades domésticas. Nos estados do Sul, entre os trabalhadores da indústria predominaram imigrantes alemães e eslavos.

A indústria têxtil, o grande setor industrial do início do século XX, congregava mão de obra em abundância, de ambos os sexos, principalmente feminina. Em recenseamento feito em 1912 em 31 fábricas de tecidos da capital paulista, do total de trabalhadores, 80% eram estrangeiros, quase todos italianos, e 64% mulheres, das quais 71% com idades entre doze e 22 anos. No conjunto de homens e mulheres, 42% eram analfabetos.

A indústria têxtil demandava mais de trinta diferentes ocupações, entre as quais batedores, passadeiras, fiandeiras, tecedeiras, tintureiros, limpadeiras, costureiras de sacos, pessoal das oficinas, contramestres, serralheiros, carpinteiros etc. O salário médio, em 1912, era em torno de quatro mil-réis diários, considerado miserável. Os melhores salários eram pagos na tecelagem da seda e na fabricação de passamanarias, setores que exigiam do operário maior habilitação.[18]

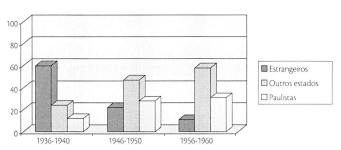

GRÁFICO 2.1 – TRABALHADORES DO RAMO METALÚRGICO EM SÃO PAULO, POR LOCAL DE NASCIMENTO (EM PORCENTAGEM)

FONTE: ADAPTADO DE PINHEIRO, P. S. POLÍTICA E TRABALHO NO BRASIL, P.88.

---

[18] PINHEIRO, P. S., HALL, M. H. *A classe operária no Brasil*. São Paulo: Brasiliense, 1981. v.2, p.60-1, 88-9.

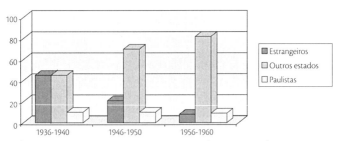

GRÁFICO 2.2 – TRABALHADORES DA CONSTRUÇÃO CIVIL EM SÃO PAULO, POR LOCAL DE NASCIMENTO (EM PORCENTAGEM)

FONTE: ADAPTADO DE PINHEIRO, P. S. *POLÍTICA E TRABALHO NO BRASIL*, P.88.

As jornadas, estafantes, estendiam-se entre oito e meia e onze horas de trabalho, com início, em geral, às seis horas da manhã, havendo descanso destinado à refeição, às onze horas e, em algumas fábricas também outra pausa, por volta das duas da tarde. Reclamava-se que os industriais de tecidos de malha, seda e passamanarias não adotavam providências contra acidentes, enquanto nas fábricas de tecidos de juta, algodão e lã os acidentes eram menos numerosos, havendo medidas de assistência.

Em outros setores, como o ferroviário, as condições de trabalho não eram melhores. Em denúncia ventilada em 1919, na Câmara, seguida de uma série de artigos publicados na imprensa no ano seguinte, um deputado analisava as condições de operação da Leopoldina Railways, empresa de capital inglês, no Rio de Janeiro, bem como a situação dos trabalhadores ferroviários, e a justiça da greve ali ocorrida. Funcionando com mão de obra principalmente masculina, os empregados e os operários eram expostos a jornadas de trabalho devastadoras e a castigos pecuniários por faltas, diminuindo ainda mais os salários considerados de fome.

Os empregados da Leopoldina eram divididos em quatro seções: tráfego, locomoção, via permanente e trabalhadores em geral. No tráfego labutavam os guarda-freios,

bagageiros, guarda-chaves, vigias, manobreiros, conserva-
dores e maquinistas de guindastes. Os guarda-freios entravam no serviço às quatro horas da manhã e saíam a uma
da madrugada seguinte, ou seja, trabalhavam por 21 horas
corridas, sem perceber adicional por trabalho noturno ou
horas extras, sendo sua situação similar à do manobreiro
que também trabalhava 24 horas consecutivas, seguidas por
outras 24 de folga. A locomoção ocupava os maquinistas e os
foguistas em horários e escalas semelhantes aos dos colegas
do tráfego. Os maquinistas recebiam os melhores salários,
entre 9 mil e 6.200 réis; o pessoal do tráfego alcançava entre
6 mil e 3.500; os da via permanente, 3.800 e os trabalhadores em geral, 2.500.[19]

O impacto dos minguados proventos refletia-se no padrão de vida precário dos operários e na compra restrita
de bens essenciais, assim como em sua concentração em
bairros novos, próximos às fábricas, mais acessíveis e bara-
tos. A imprensa operária não parava de denunciar mazelas
e mostrar quadros de penúria, como a notícia de *La Batta-
glia*, jornal operário, de 1907, em relação às condições de
moradia em São Paulo:

> Nenhum conforto tem o proletário nesta opulenta e formosa Capital.
> Os bairros em que mais se concentram, por serem os que contêm
> maior número de fábricas, são os do Brás e do Bom Retiro. As casas
> são infectas, as ruas, na quase totalidade, não são calçadas, há falta de
> água para os mais necessários misteres, escassez de luz e de esgotos.
> O mesmo se dá em Água Branca, Lapa, Ipiranga, S. Caetano e outros
> pontos um pouco afastados.[20]

As más condições de trabalho e a baixa remuneração
tornaram-se foco de frequentes reivindicações operárias por

---

19 PINHEIRO, P. S., HALL, M. H., op. cit., p.112-9.
20 Citado por SIMÃO, A. *Sindicato e Estado*. São Paulo: Ática, 1981. p.61.

melhoria nos diversos setores da atividade industrial. As greves sucediam-se, assim como as denúncias. Emergiram com força, nesse período, ideologias contestatórias anarquistas, socialistas e comunistas, além de congressos operários, movimentos sindicais e partidos políticos em apoio à classe operária. A situação agravava-se por causa da limitada regulamentação trabalhista até 1930.

A normatização legal das condições de trabalho correu vagarosa nas primeiras duas décadas do século XX, mas, pressionada pelos movimentos sociais, deslanchou nas décadas de 1930-40, ao tempo de Getúlio Vargas. Antes da greve geral de 1917, poucas disposições apareceram regulamentando o mercado de trabalho urbano ou estabelecendo limites ao poder de arbítrio dos empregadores. Inicialmente de maneira esporádica, mas com vigor crescente a partir de 1930, o Estado passou a interferir nas relações privadas de trabalho.

Em 1891, um decreto estabelecia providências para regularizar o trabalho dos menores empregados nas fábricas do Rio de Janeiro; o Código Civil, de 1916, incluía dispositivos em relação à locação de serviços; e lei de 1925 mandava conceder, anualmente, quinze dias de férias aos operários e empregados de estabelecimentos industriais, comerciais e bancários. Mas foi entre 1930 e 1945 que os debates e as leis trabalhistas proliferaram, instituindo-se sucessivamente providências sobre a nacionalização do trabalho (obrigação de cada estabelecimento contar com ao menos dois terços de nacionais), duração das jornadas, sindicalização, carteira profissional, convenção coletiva do trabalho, direito de greve, instalação de refeitórios, salário-mínimo, seguro social. As disposições beneficiavam, às vezes, apenas determinadas categorias, sem contar a distância entre a lei e sua efetiva implementação. Em 1943 foi sancionada a Consolidação das Leis do Trabalho (CLT), que reunia e ampliava

Trabalhadores nacionais:
êxodo rural e frentes pioneiras

A grande crise mundial de 1929, somada aos efeitos da Primeira Guerra Mundial e, em seguida, da Segunda, dinamizaram a indústria nacional e também a produção agrícola destinada ao mercado interno. Ocorreu a substituição de importações e uma ampliação do mercado nacional. As indústrias de São Paulo e do Rio de Janeiro beneficiaram-se mais da conjuntura, crescendo a altas taxas em virtude do maior tamanho dos mercados locais, além de oferecerem capital e mão de obra mais barata e abundante ao tempo da crise do café.

Se em 1907 o número de estabelecimentos industriais era de sete mil em todo o território nacional, em 1950 aumentara para noventa mil, cabendo ao Sudeste, em ambos os anos, 51 e 55%, respectivamente, do total de estabelecimentos. Nessa distribuição, São Paulo e Rio de Janeiro foram as cidades mais procuradas. No que se refere ao operariado, o Sudeste aglutinava 52% da mão de obra industrial que chegava a 150 mil trabalhadores em 1907, ampliando o porcentual para 67% em 1950, quando então a classe operária no Brasil já alcançava 1,2 milhão de pessoas.[22]

Em sentido contrário à imigração estrangeira, que declinava, dois movimentos de população passaram a ser decisivos no fornecimento de mão de obra a partir de 1930, tanto para a indústria em expansão quanto para a agricultura. Um fluxo dirigiu-se para as áreas urbanas, que se adensaram,

---

21 SIMÃO, A., op. cit., 1981, cap. 2.
22 Ibidem, p.20.

e outro engrossou a marcha de ocupação de novas regiões de fronteira: ambos os movimentos tinham em comum o êxodo rural e envolveram primordialmente trabalhadores nacionais, mestiços, mulatos e negros.

O êxodo rural foi uma constante desse período em diante. Calcula-se que na década de 1940 a saída do campo tenha atingido, nos diversos estados brasileiros, em torno de três milhões de pessoas, o equivalente a 10% do total de habitantes do mundo rural da época, ampliando-se sem parar nos períodos seguintes. Na década de 1960 já eram 13 milhões de trabalhadores que abandonavam o campo, correspondendo a 33% da população rural desse ano.[23]

O destino desses migrantes nacionais foi a capital ou as grandes cidades de seus próprios estados; a transferência para outros estados, inserindo-se em atividades industriais ou agrícolas novas; e também o engajamento em áreas de ocupação agrícola recente, áreas de fronteira distantes, mas promissoras. Já na década de 1940 o crescimento demográfico das capitais mais populosas do país devia-se fundamentalmente aos efeitos do êxodo rural: é o caso de Recife, Salvador, Belo Horizonte, Rio de Janeiro, São Paulo e Porto Alegre, cujo inchaço ao longo da década foi resultado da chegada de pessoas nascidas fora do município.[24]

Mais notórias e dramáticas, contudo, foram as migrações interestaduais. Desde a década de 1930, o estado de Minas Gerais e quase todos os do Nordeste perderam população rural de maneira sistemática, recebendo esses migrantes principalmente os estados de São Paulo e do Rio de Janeiro, além de, em determinados períodos, regiões de fronteira agrícola como, nas décadas de 1940 e 1950, o norte do

---

23 MARTINE, G. As migrações de origem rural no Brasil: uma perspectiva histórica. In: *História e população*: estudos sobre a América Latina. São Paulo: Seade, 1990. p.16-26.

24 DURHAM, E. R. *A caminho da cidade*. São Paulo: Perspectiva, 1984, cap. 1.

Paraná, na década de 1960 o estado de Goiás, ou, em 1970, Mato Grosso, Rondônia e Amazonas.

O movimento de trabalhadores rurais para São Paulo foi exemplar. Partiu predominantemente do Nordeste, sobretudo da Bahia, que entre 1936 e 1940 foi responsável pelo fornecimento de 50,9% dos trabalhadores nacionais que chegaram à cidade. Outros 22,7% eram originários de Minas Gerais. As áreas atingidas pela seca, nesses estados, também expulsaram a população rural. Esses migrantes faziam viagens dolorosas, a pé, do sertão até Juazeiro, à margem do rio São Francisco. Seguiam por via fluvial até Pirapora em barcos precários onde atingiam os trens. Outros chegavam a pé a Montes Claros, no norte de Minas Gerais, para então embarcar nos trens em uma longa viagem até São Paulo. Ao chegar a São Paulo o destino era a Hospedaria dos Imigrantes que, nesse momento, passou a acolher os trabalhadores nacionais. A princípio, os baianos que se dirigiam para São Paulo deixavam os familiares no local de origem, voltando por vezes com pequeno pecúlio, ou mesmo juntando recursos para trazer a família. Aos poucos essa migração tornou-se um deslocamento familiar.[25]

Na cidade de São Paulo os homens inseriam-se na construção civil, empregando-se primeiro como serventes de pedreiro ou vigias de construção, dormindo muitas vezes no próprio local de trabalho, assim como as mulheres, dedicadas aos trabalhos domésticos. A estabilidade era difícil e requeria estar com a documentação em dia, ter alguma especialização, contar com recomendações e estar apto a aceitar pesadas rotinas e horários. A gama de empregos aumentava: pintores, encanadores, eletricistas, indústria em seus diversos ramos, setor de comércio e serviços, com ocupações como ascensoristas, faxineiros, cobradores, gar-

---

25 MONBEIG, P. *Pioneiros e fazendeiros de São Paulo*. São Paulo: Hucitec/Polis, 1984. p.150-1.

çons.[26] Na área agrícola os migrantes passavam a trabalhar nas fazendas de café, cultura de algodão, criação de gado ou em culturas de subsistência, como milho e arroz.

A migração para regiões de fronteira agrícola caracterizou-se por provocar explosões demográficas súbitas. O norte do Paraná (incluindo o chamado Norte novo e o Norte pioneiro) saltou de uma população de 340 mil habitantes em 1940 para 2,7 milhões de pessoas em 1965, como produto da colonização da zona com migrantes oriundos principalmente de São Paulo, Minas Gerais e Santa Catarina. Foi uma colonização proporcionada primordialmente por capitais privados visando à produção de café e de gêneros alimentícios, em regime de pequena e média propriedade. Uma empresa de capital inglês (e depois brasileiro), a Companhia de Terras do Norte do Paraná, teve papel central no planejamento, na divulgação, na venda de lotes, na implantação de infraestrutura e na arregimentação de migrantes para o empreendimento.

Apesar da crise internacional do café, medidas favoráveis do governo para o setor permitiram expandir as áreas cafeeiras no norte do Paraná a partir de São Paulo, aproveitando as férteis terras-roxas. Em 1940 já havia aí em torno de 55 milhões de pés em produção; dez anos depois chegavam a 160 milhões, e em 1965 os cafezais somavam a fantástica quantia de um bilhão de pés plantados. O café disseminou-se com tal força pelo norte paranaense que em 1960 a rubiácea ocupava 40% da área cultivada do estado, gerando metade da produção brasileira de café e um terço da produção mundial.

Os lotes vendidos pela Companhia foram em 80% dos casos de 40 hectares ou menos e até 1953 haviam sido comercializados cerca de 26 mil lotes agrícolas, cada um deles

---

26 DURHAM, E. R., op. cit., cap. 8.

abrigando em média quatro famílias. Em torno dos centros urbanos, sendo Londrina o mais conhecido, criaram-se chácaras para o cultivo de gêneros alimentícios. Em paralelo à Companhia, o governo estadual e outras empresas colonizadoras privadas ampliaram bastante a ocupação da região.[27]

Um caso de frente pioneira de base fundamentalmente estatal ocorreu em Goiás em meados da década de 1950 e na de 1960. O objetivo, no entanto, não foi de cunho capitalista, visando aos lucros, mas obedecia, antes de tudo, a considerações de caráter político e estratégico. A transferência da capital do país para Brasília acarretou impactos demográficos importantes para Goiás, que recebeu um elevado contingente de migrantes, em especial vindos de Minas Gerais, do Maranhão e da Bahia. A construção de rodovias inter-regionais de integração e o melhoramento da infraestrutura local facilitaram a migração, mas não significaram mudanças importantes nas estruturas agrária e social.[28]

A década de 1960 marca uma inflexão para os trabalhadores rurais: perderam a primazia numérica que sempre tiveram na história da força de trabalho no Brasil. Conforme o Recenseamento de 1970, nesse ano a população economicamente ativa dos setores secundário e terciário – ou seja, não agrícolas – passou pela primeira vez a ter peso específico maior. Mais de 55% dos trabalhadores estavam agora exercendo funções na indústria de transformação, construção civil e, principalmente, em setores governamentais, profissões liberais, serviços domésticos, comércio e atividades financeiras, transporte e comunicações. A tendência de crescimento do setor de serviços ampliar-se-ia nas décadas seguintes, em detrimento da absorção de trabalhadores pela indústria e, sobretudo, pelo tradicional setor agrícola.

---

27 BALHANA et al. Altiva Pilatti. *História do Paraná*. Curitiba: Grafipar, 1969. p.213-7.

28 GRAHAM, D. H.,HOLLANDA FILHO, S. B. de., op. cit., p.65-81.

3 A presença do trabalho feminino

Por muitas gerações o trabalho feminino foi visto como essencialmente doméstico. Considerava-se que a vocação única da mulher seria a de ser esposa, mãe e filha, independentemente de classe social. Esperava-se que seu sustento fosse provido pelos homens da família: primeiro o pai, que deveria mantê-la até o casamento, e depois o marido, que seria responsável por seus gastos e pelos dos filhos que tivessem. Essa idealização da posição feminina manteve-se durante séculos.

O trabalho das mulheres era considerado indigno, sobretudo para as brancas. O casamento tornava-se a oportunidade para as mulheres sobreviverem na idade adulta e na velhice. Contudo, isso não valia para todas. A maior parte das mulheres, nos séculos passados, era pobre e precisava trabalhar, fossem casadas ou solteiras. Muitas foram obrigadas a isso.

As escravas

No Brasil colonial, grande parte da população feminina havia chegado de forma compulsória: as escravas. Estas se somaram às indígenas e às livres. As escravas africanas vieram entre os séculos XVI e XIX de diversas partes da África – de aldeias da África ocidental e de Moçambique. Estima-se que de cada dez escravos transportados, três ou quatro eram do sexo feminino. Ao todo, teriam chegado entre 1,2 e 1,6 milhão de escravas.

Em 1872, após duas décadas da proibição do tráfico de escravos, havia 705.636 mulheres cativas, o que representava 47% do total de cativos, situação bastante diversa da de anos anteriores, quando vigorava o comércio transatlântico e predominavam os homens. Nessa época, as escravas já não eram apenas as africanas, mas também suas descendentes. A população livre, no Brasil, contava com 9,9 milhões de pessoas, sendo 48,4% mulheres, muitas delas ex-escravas. As ocupações das escravas distribuíam-se, nesse ano, em trabalhadoras agrícolas (43%), serviçais domésticas (18%), jornaleiras (diaristas, 6%), costureiras (6%) tecelãs (2%), ofícios diversos (1%), além das sem declaração de ocupação (23%).

Na época colonial trabalharam preferencialmente na roça em serviços tão pesados quanto os dos homens. Nos engenhos do Nordeste aravam, plantavam e limpavam os canaviais com aqueles. Contudo, havia uma divisão sexual do trabalho: na colheita os homens cortavam a cana-de-açúcar e as mulheres amarravam os feixes, encarregavam-se de tarefas nas moendas, na casa de purgar e no balcão de mascavar e pesar. Limpavam a cana, arrumavam-na perto das moedeiras e colocavam as canas entre os rolos da moenda; esta última tida como a tarefa mais perigosa do engenho, pois exigia muita atenção e os movimentos repetitivos e as extensas horas de trabalho provocavam sono que acabava por ocasionar acidentes: as escravas, por vezes, tinham as mãos tragadas pelos rolos. Talvez, por valerem menos, eram alocadas em tarefas mais arriscadas.

Nas moendas ainda trabalhavam duas ou três mulheres para cuidar das candeias que iluminavam o recinto. Limpavam o cocho do caldo da cana, refrescavam os aguilhões da moenda e auxiliavam na lavagem da cana. Escravas também eram responsáveis por jogar o bagaço no rio ou na bagaceira para ser queimado, e ainda controlavam o acesso do caldo à casa das caldeiras.[1]

Nas antigas fazendas de café, no Vale do Paraíba, os fazendeiros preferiam os homens às mulheres. Em Vassouras, no século XIX, embora a proporção de homens para mulheres entre os africanos fosse consideravelmente maior, a formação de famílias e os nascimentos sucessivos foram diminuindo a diferença. As mulheres, em 1820, representavam 23% dos escravos e, em 1880, passaram a constituir 44%. Nas lavouras de café, os trabalhos eram aparentemente menos exaustivos se comparados com os da lavoura canavieira e beneficiamentos.

O trabalho nas cidades: escravas, livres e pobres

No mundo da mineração, mulheres negras e mestiças, escravas ou não, dominavam o pequeno comércio varejista, sendo elemento vital para o abastecimento nas pequenas vilas em grande parte dos centros urbanos. Ser vendedora ambulante era ocupação feminina: tornaram-se conhecidas como as "negras de tabuleiro".

Seus tabuleiros ofertavam frutos, legumes e doces. Muitas vezes foram perseguidas por diversas razões: uma delas era a concorrência que faziam às viúvas honestas com filhas donzelas. Em 1785, o rei de Portugal, dom José I, expediu um alvará que deu exclusividade às mulheres no comércio das praças e ruas. Os produtos vendidos eram: "doces, bolos, alféloa, frutos, melaço, hortaliças, queijos, leite,

---

1 FERLINI, V. L. A. *Terra, trabalho e poder*. São Paulo: Brasiliense, 1988. p.144.

marisco, alho, pomada, polvilhos, hóstias, obreias, mexas, agulhas, alfinetes, fatos, velhos e usados".[2] Quando escravas, esse trabalho permitia-lhes acumular alguma riqueza que tornava possível a compra da liberdade.

Outra forma de atuação no pequeno comércio dava-se por meio das vendas, tornando-se progressivamente, no correr dos anos, o lugar das alforriadas e das escravas que atendiam os fregueses (Gráfico 3.1). Comuns nas áreas mineradoras, vendiam praticamente todo o necessário para o consumo dos habitantes dessas áreas: secos (tecidos, artigos de armarinho, instrumentos de trabalho) e molhados (bebidas, fumo e comestíveis).

O comércio das ruas do Rio de Janeiro também estava nas mãos das negras livres. Trabalhavam sozinhas ou com a ajuda de um mulato ou liberto. Vendiam bebidas refrescantes, com muito sucesso em virtude do calor que fazia na cidade. Em São Paulo, no século XIX, no comércio urbano ambulante e na prestação de variados serviços, igualmente era forte a presença de escravas, mulheres forras e livres pobres. Viviam pobremente, em casebres, andando atrás de serviços que lhes permitissem sobreviver. Quando forras prosseguiam vendendo gêneros alimentícios à população mais pobre, pois era um comércio clandestino, livre de impostos do comércio oficial. Circulavam por toda cidade e a partir da década de 1870 começaram a enfrentar a concorrência de imigrantes portuguesas e italianas que também passaram a participar desse tipo de comércio.[3]

Havia, também, ocupações inusitadas, como a de aguadeiras, que eram circunstanciais e exercidas por escravos e escravas. No Rio de Janeiro, durante grande parte do sé-

---

2 FIGUEIREDO, L. *O avesso da memória*. Cotidiano e trabalho da mulher em Minas Gerais no século XVIII. Rio de Janeiro: José Olympio, 1993. p.37.

3 DIAS, M. O. L. da S. *Quotidiano e poder em São Paulo no século XIX*. São Paulo: Brasiliense, 1984, cap. 5 e 7.

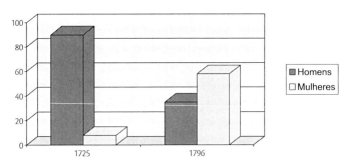

GRÁFICO 3.1 – VENDEIROS: REPARTIÇÃO SEGUNDO SEXO (MARIANA, 1725 E 1796)
FONTE: FIGUEIREDO, L. *O AVESSO DA MEMÓRIA*, P.55.

culo XIX, o abastecimento de água foi problemático. Muitas mulheres, em geral cativas, iam às fontes públicas e lá enchiam tonéis para vender. Chegavam geralmente pela manhã, conversavam alegremente com os companheiros do mesmo ofício, enquanto aguardavam sua vez; depois esperavam os tonéis se encherem para, em seguida, colocá-los à cabeça e conduzi-los a seus donos.[4]

Dependendo da região do Brasil as atividades se especializavam. Em Oeiras, no Piauí, muitas meninas faziam rendas, iniciando-se nesse trabalho aos cinco anos. Nessa região, como em outras, no século XIX, as mulheres de melhores condições dedicavam-se aos afazeres do lar. Às vezes, quando viúvas e empobrecidas faziam doces, arranjos de flores e bordados que lhes permitiam sobreviver. Entretanto, não eram bem-vistas socialmente e disfarçavam seu trabalho recorrendo a terceiros para a venda e a entrega de seus produtos.[5]

A tecelagem e a confecção congregaram, no século XIX, sobretudo a mão de obra feminina. Isso valia para todas as

---
4 LEITE, M. M. *A condição feminina no Rio de Janeiro*. São Paulo: Hucitec, 1984. p.90.
5 FALCI, M. K. Mulheres no sertão nordestino. In: DEL PRIORI, M. (Org.). *História das mulheres no Brasil*. São Paulo: Contexto/Editora Unesp, 1997. p.250.

camadas sociais, em Minas Gerais, ao passo que a agricultura, o comércio e a mineração eram áreas de cunho eminentemente masculino. Também no Mato Grosso, a fabricação de redes, cobertores e tecidos de algodão era tarefa de mulheres. Nessa região, as índias, cuja presença era ainda forte, no início do século XIX, encarregavam-se desses afazeres.

Possibilidades de ser livre

A forma mais comum de uma escrava se tornar livre era por meio da compra da liberdade. As mulheres tinham mais facilidade de fazê-lo, principalmente quando viviam em cidades e faziam serviços para fora, pois conseguiam amealhar algum pecúlio ao longo de muitos anos. Dois casos ilustram essa situação.[6]

O primeiro ocorreu em janeiro de 1832 quando a polícia da Corte autorizou o despacho de três africanas para Benguela, na África. Remetia-as Maria Carneiro, "preta livre" da qual Luiza, Vitória e Joana eram escravas de antiga propriedade. Muito trabalho e artimanha devem ter ocorrido até que Maria Carneiro deixasse para trás a estranha condição de coisa e pessoa. Tornara-se livre e transformara-se em proprietária de escravos. E como as escravas eram bem mais aquinhoadas por libertações do que os homens, ser mulher, nesse caso, beneficiou-a.

Mas o que a ajudou fundamentalmente foi ter vivido em uma sociedade que alforriava escravos como nunca se viu em outras partes da América – na Virgínia do século XVII chegou-se a proibir toda manumissão privada, a menos que o senhor deportasse o forro para fora da colônia: multavam-se pesadamente mulheres brancas que gerassem filhos mula-

---

6 Os dois exemplos foram retirados de documentos manuscritos do Arquivo Nacional do Rio de Janeiro.

tos, ou elas eram tomadas por servas por cinco anos (e seus filhos, por trinta).[7]

O segundo caso sucedeu entre Leonor e Vitoriana: uma escrava e sua dona. Fevereiro de 1848 findava quando as duas mulheres chegaram ao derradeiro acordo. Nenhuma se atreveu a colocar as coisas desse modo, mas na hora decisiva a escrava Leonor Moçambique poria as mãos na tão sonhada carta de liberdade logo que Vitoriana Rosa do Amor Divino falecesse. Até lá Leonor continuaria vendendo seus quitutes pelas ruas do Rio de Janeiro, vez por outra lavando, quarando, engomando e passando para fora, de tudo prestando contas à senhora. Em março o ajuste foi registrado em cartório, ocasião em que Vitoriana fez questão de deixar consignado no livro de escrituras o motivo da demora na manumissão: "a escrava provia o seu sustento e o da casa com o seu jornal".

Tais circunstâncias pareciam naturais em uma sociedade em que mesmo os mais pobres almejavam distanciar-se do que se considerava torpe: o mundo do trabalho; sonhava-se em viver à custa do trabalho alheio. Não era incomum em se tratando de uma cidade como o Rio de Janeiro, na qual os aluguéis e os jornais obtidos com os escravos não raro se aproximavam do que se lograva alcançar alugando casas, com a importante diferença de que o retorno do investido em cativos era mais rápido do que o capital aplicado em prédios urbanos.[8]

Trabalhos tipicamente femininos

Quando davam à luz, as escravas que trabalhavam na lavoura passavam a prestar serviços na casa principal ou em suas

---

7 DAVIS, D. B. *Slavery in the Colonial Chesapeake*. Williamsburg: The Colonial Willinansburg Foundation, 1997. p.21-2.

8 FERREIRA, R. G. *Na pia batismal: família e compadrio entre escravos na Freguesia de São José do Rio de Janeiro (primeira metade do século XIX)*. 2000. p.131-38. Dissertação (Mestrado) – Universidade Federal Fluminense.

TRABALHO COMPULSÓRIO E TRABALHO LIVRE NA HISTÓRIA DO BRASIL

proximidades e logo que a criança adquiria certo tamanho, estas eram amarradas às costas da mãe e levadas ao campo. Uma vez que ficavam impossibilitadas para trabalhos mais pesados, tornavam-se um ônus aos fazendeiros nos últimos meses da gestação e nos primeiros após o parto. Nesses períodos, os senhores também aproveitavam de outras formas os serviços das mulheres escravas: anúncio de um jornal local, de Vassouras, de 9 de maio de 1879, fazia uma oferta: "aluga-se uma rapariga para ama de leite, moça e sadia".[9]

Muitas escravas, quando procriavam, tornavam-se amas de leite e conviviam com as famílias de seus senhores de forma mais íntima. Na literatura e em imagens encontram-se várias representações acerca desse costume. Essa prática continuou no século XX, em particular entre os mais abastados, embora já condenada por médicos e higienistas da época. Pensava-se, de forma geral, que as portuguesas não tinham saúde suficiente para amamentar suas crianças e por isso, com frequência, alugava-se ou comprava-se uma escrava para tal fim. Em 1852, o jornalista francês, Charles Expilly, ao observar esse costume, escreveu a respeito:

> Uma ama de leite é alugada por mais que uma engomadeira, uma cozinheira ou uma mucama. Para que dê honra e lucro, colocada numa boa casa, o senhorio durante a gravidez, lhe reserva os trabalhos mais leves. Após o parto, a rapariga vê suas camisas distribuídas aos companheiros, enquanto seu guarda-roupa é renovado e recebe enxoval novo. É roupa grosseira, mas bem-feita, vestidos simples a que a senhora, se os meios lhe permitem, colocou dois ou três metros de renda comum e um vestido branco de seis babados – realização do sonho dourado constante das jovens negras – eis o primeiro benefício da maternidade.[10]

---

9 STEIN, S. J. *Vassouras: um município brasileiro do café, 1850-1900*. Rio de Janeiro: Nova Fronteira, 1990. p.105.

10 Apud LEITE, M. M. *Livros de viagem (1803-1900)*. Rio de Janeiro: Editora UFRJ, 1997.

Outro ofício eminentemente feminino, exercido sobretudo por mulheres pobres, era o de parteira. O parto, tempos atrás, e ainda hoje em muitas regiões do Brasil, realizava-se por suas mãos. Muito combatidas pelos médicos durante o século XIX, eram as *curiosas*, que aprendiam o ofício com outras mais experientes. Mesmo na época em que já havia algum médico e hospitais, as mulheres sentiam-se, por pudor ou pela falta de recursos financeiros, mais à vontade com as parteiras. Em 1841, um médico, da cidade de Goiás, escreveu a uma autoridade:

> As mulheres por pudor mal entendido deixam-se adoecer – ou mandam chamar uma benzedeira, curandeira, parteira, que ordinariamente lhes agrava o mal.

Entretanto, sendo a população na época em sua maioria rural, era-lhe difícil o acesso a hospitais, quer pela existência de pequeno número deles, quer pela distância.[11] Por causa da alta mortalidade infantil, a Igreja permitia que, excepcionalmente, essas mulheres realizassem o batismo. Em 1707, a legislação eclesiástica para o Brasil rezava:

> Por que muitas vezes acontece perigarem as mulheres de parto, e outro – sem perigarem as crianças, antes de acabarem de sair do ventre de suas mães, mandamos as parteiras, que aparecendo a cabeça, ou outra alguma parte da criança, posto que seja mão ou pé, ou dedo, quando tal perigo houver, a batizem na parte que aparecer, e em tal caso, ainda que aí esteja homem, deve por honestidade batizar a parteira.[12]

Embora tivessem variado, as técnicas de partejar sobreviveram no decorrer dos anos. As parteiras costumavam dar

---

11 AGE, M. de P. da S. *As mulheres parteiras na cidade de Goyaz (século XIX)*. 2002. Dissertação (Mestrado) – Universidade Federal de Goiás.

12 *Constituições Primeiras do Arcebispado da Bahia*, apud AGE, M. de P. da S., op. cit., p.68.

bebidas para acalmar as mulheres, mandavam o marido dar voltas em torno da casa, colocavam o chapéu dele na cabeça da mulher. Em geral eram analfabetas, sem muitas noções básicas de higiene, mas mesmo assim faziam partos com sucesso. Quando a situação se complicava, chamavam um médico, caso houvesse um na região. O depoimento de uma parteira da cidade de Goiás, em época mais recente, dona Domingas, nascida em 1920, ilustra os métodos utilizados:

> Quando a grávida estava próxima para ficar doente, eu mandava ela tomar purgante para o sangue ficar forte, mas era só um pouquinho. Quando ela estava com friagem, era chá de mentrasto. Quando estava nervosa, para refrescar, era chá de folha de laranjeira. A folha de algodão eu só mandava depois do parto, ela bebia o chá e tomava banho, serve para sair o sangue sujo que fica na mulher. Para curar o umbigo da criança, era pó de fumo. O médico dizia que fazia mal, mas não faz não. Os umbigos que eu curei todos foram assim e ficaram rapidinhos curados. Eu rezava muito também na hora que estava aparando as crianças, pedia proteção a Nossa Senhora do Bom Parto pra mim, pra criança e pra mulher também.[13]

Essas mulheres tiveram muitas vezes sua imagem destruída pela medicina do século XIX e XX, que as julgava ignorantes e responsáveis pela mortalidade materna e dos recém-nascidos. Mas, ao lado das comadres pobres, que atendiam as clientes em troca de pagamentos em espécie, havia também as parteiras diplomadas em Paris que exerciam a arte no Rio de Janeiro. Durante o século XIX, algumas desempenharam a profissão em consultórios médicos. Nas cidades que contavam com Faculdades de Medicina deveriam prestar exames para obter licenças para o trabalho. Uma delas, Mme Durocher, fez o parto da princesa Leopoldina, filha de dom Pedro II.[14] Entretanto, no vasto interior,

---

13 AGE, op. cit., p.53-6.
14 MOTT, M. L. B. A parteira ignorante: um erro de diagnóstico médico? *Estudos Feministas*, v.7, n.1 e 2, 1999, p.28-31.

distante de qualquer recurso, as mulheres confiavam nas comadres que com sua experiência traziam ao mundo as *criancinhas sem nenhuma nobreza*.

O casamento

Casar era o tipo de acontecimento que se pensava poderia assegurar as mulheres ricas ou de melhor estrato social, diferentemente das mulheres livres pobres que sempre andavam atrás de seu sustento. Muitas vezes as mais abonadas tinham certa dificuldade de encontrar um bom matrimônio, pois os pais não queriam casá-las com homens de condição social muito baixa, o que, sem dúvida, seria mais simples. Vigorava o costume do dote, uma forma de garantir o sustento das moças que iniciavam uma nova vida. Em épocas mais distantes o dote consistia em dinheiro, escravos ou propriedades que seriam administrados pelo esposo. Até os pretos forros, quando capazes, concediam-no às filhas. No século XIX, o dote foi caindo em desuso porque a família passou não mais a ser vista como uma unidade de produção, mas gradualmente apenas como uma unidade de consumo.

No senso da elite, a mulher branca destinava-se ao casamento. Todos os esforços das famílias direcionavam-se para isso. As órfãs brancas, desde o século XVII, encontravam a proteção das Santas Casas de Misericórdia, que as instruíam geralmente em costura e cozinha e lhes providenciavam um dote para que pudessem encontrar um marido.

Por longo tempo vigorou o ideal de mulher recatada, submissa e alheia ao mundo do trabalho. Esse ideal foi externado de maneira crua por dom Macedo Costa, bispo do Pará e ultramontano ferrenho, em carta pastoral de 1875, na qual enumerou as obrigações de todas as mulheres (ver Quadro 3.1). A posição do alto clérigo retratava o conservadorismo em

QUADRO 3.1 – CARTA PASTORAL E TEXTO DE JORNAL

RESUMO DO QUE HÁ PARA FAZER O CRISTÃO
PARA SE SANTIFICAR E SALVAR

Obrigações de uma jovem

1º) Ser muito modesta em todas as suas ações.

2º) Andar acautelada a cada passo.

3º) Ser grave e sempre decente nas falas e maneiras.

4º) Gostar de estar em casa e ajudar a sua mãe.

5º) Aplicar-se de contínuo ao trabalho.

6º) Raras vezes sair, e só por necessidade.

7º) Aborrecer as vaidades nos vestidos e enfeites.

8º) Evitar conversações indiscretas com pessoas de diferente sexo.

9º) Detestar dissipações e profanos divertimentos.

10º) Amar os exercícios de piedade.

11º) Ser muito franca, leal e amorosa para com sua mãe e não ter segredos para ela.

12º) Edificar com bom exemplo e doutrina seus irmãozinhos menores.

Obrigações da mulher casada

1º) Amar o marido.

2º) Respeitá-lo como seu chefe.

3º) Obedecer-lhe com afetuosa prontidão.

4º) Adverti-lo com discrição e prudência.

5º) Responder-lhe com toda a mansidão.

6º) Servi-lo com desvelo.

7º) Calar, quando o vir irritado.

8º) Tolerar com paciência os seus defeitos.

9º) Não ter olhos nem coração para outro.

10º) Educar catolicamente os filhos.

11º) Ser muito atenciosa e obediente para o sogro e a sogra.

12º) Benévola com os cunhados.

13º) Prudente e mansa, paciente e carinhosa com toda a família.

Obrigações da viúva

1º) Viver pura como as virgens.

2º) Vigilante como as casadas.

3°) Dar exemplo de virtudes a umas e outras.
4°) Ser amiga do retiro.
5°) Inimiga dos divertimentos mundanos.
6°) Aplicada à oração.
7°) Cuidadosa pelo seu bom nome.
8°) Amante da mortificação.
9°) Zelosa pela glória de Deus.

CARTA PASTORAL DE DOM MACEDO COSTA, BISPO DO PARÁ E AMAZONAS, 1875. CITADO POR AZZI, R. *O ALTAR UNIDO AO TRONO. UM PROJETO CONSERVADOR*. SÃO PAULO. EDIÇÕES, 1992. P.81-2.

A EDUCAÇÃO DA MULHER

O século XIX, século das luzes, não se findará sem que os homens se convençam de que mais da metade dos males que os oprimem é devida ao descuido, que eles tem tido da educação das mulheres, e ao falso suposto de pensarem que a mulher não passa de *um traste de casa*, grosseiro e brusco gracejo que infelizmente alguns indivíduos menos delicados ousam atirar a face da mulher, e o que é mais as vezes, em plena sociedade familiar!

Em vez de pais de família mandarem ensinar suas filhas a coser, varrer a casa etc., etc., mandem-lhes ensinar a ler, escrever, contar, gramática da língua nacional *perfeitamente*, e depois, *economia e medicina doméstica*, a *puericultura*, a *literatura* (ao menos a nacional e portuguesa), a *filosofia*, a *história*, a *geografia*, a *física*, a *química*, a *história natural*, para coroar esses estudos a *instrução moral e religiosa*; que *estas meninas assim educadas* não dirão quando moças estas tristes palavras:

"Se meu pai, minha mãe, meu irmão, meu marido morrerem o que será de mim!".

Não sirva de cuidado aos pais que suas filhas, assim educadas e instruídas, não saibam coser, lavar, engomar, cortar uma camisa, etc. etc.

A riqueza intelectual produzirá o dinheiro, e com este se satisfarão as necessidades.

O dinheiro, Deus o dá e o diabo pode tirar; mas a sabedoria que Deus dá – o diabo não a roubará.

O SEXO FEMININO. CAMPANHA, MINAS GERAIS, 7.9.1873. CITADO POR HAHNER, J. E. *A MULHER BRASILEIRA E SUAS LUTAS SOCIAIS E POLÍTICAS, 1850-1937*. SÃO PAULO: BRASILIENSE, 1981. P.47.

relação à mulher que dominava a sociedade e algumas instituições importantes, como a Igreja. Em contrapartida, na mesma época, vozes alternativas, com menor eco, como a de dona Francisca Diniz, editora do jornal *O Sexo Feminino*, contrapunham-se a essa visão, advogando a necessidade da educação feminina e o preparo para uma vida independente.

O casamento das mulheres escravas pobres era mais complicado. As forras geralmente encontravam parceiros mais novos, o que poderia derivar do fato de muitas conseguirem apenas contrair matrimônio após anos de trabalho, juntando cabedal para a compra da liberdade. Ângela de Souza Ferreira, nascida na Costa da Mina, África, por volta de 1725, e chegada ainda criança a Minas Gerais, conseguiu comprar sua liberdade com quase sessenta anos, porque sua antiga dona a deixara coartada, isto é, vendera-lhe a liberdade a prestações para pagamento em um período de quatro a seis anos. Por essa época ela já possuía dois escravos e, após insistentes pedidos de um crioulo forro, acabou desposando-o. Viveram dez anos juntos mas, mesmo considerando-o relapso, pois teve de sustentá-lo "sem que o mesmo cooperasse para os teres e haveres de sua rigorosa obrigação de casado", deixou-lhe como herança, conforme consta no testamento de 1798, 16 oitavas de ouro, "pelo trabalho que tem em me aturar".[15]

Em suma, casar era difícil para as mulheres pobres e mais ainda para as escravas. Daí o registro de alto índice de filhos ilegítimos, isto é, tidos fora do matrimônio. Em meados do século XVIII, em algumas regiões, esse índice chegava a cerca de 60% da população livre, sendo maior entre a população escrava. É fácil perceber que o casamento era muito restrito e não estava ao alcance de grande parte das mulheres.

---

[15] Testamento de 1798 do Arquivo da Casa Setecentista de Mariana. LEWKOWICZ, Ida. Herança e relações familiares: os pretos forros nas Minas Gerais do século XVIII. *Revista Brasileira de História (São Paulo)*, n.17, 1988/89, p.108-9.

Entretanto, é importante constatar que, no caso das crianças escravas, os altíssimos níveis de ilegitimidade observados em quase todas as conjunturas eram em muito caudatários de uma prática que, talvez, possa ter sido bastante comum entre as escravas menores de 29 anos: primeiro conceber e, somente depois, buscar a sanção eclesiástica.[16]

Mulheres chefes de domicílio

A dificuldade em casar levou a um alto índice de mulheres que comandavam os destinos do lar. Em São Paulo, assim como em Minas Gerais, no século XIX, cerca de dois terços dos domicílios eram chefiados por mulheres sozinhas com seus filhos.[17] Muitas estavam sós porque seus maridos migravam para conseguir trabalho em outras localidades, mas a maioria, por certo, não havia encontrado um parceiro que assumisse um casamento legalizado segundo as leis da Igreja.

Quando se tornavam viúvas, havia sérias consequências econômicas e sociais. Entretanto, como muitas mulheres solteiras e casadas eram chefes de sua casa, não era de estranhar o fato de elas assumirem as rédeas do lar e dos negócios, embora a legislação não lhes desse muita liberdade.

Concorrer no mercado matrimonial, para as viúvas, mesmo aquelas com bens, era mais difícil. Esbarravam na idade, mas não tanto como à primeira vista poderia parecer. Nem todas as viúvas eram idosas. O que dificultava o acesso a novo casamento era, provavelmente, mais a existência de filhos menores e as restrições que a legislação lhes impunha para administrar e manter em seu poder as heranças

---

16 FLORENTINO, M., GÓES, J. R. *A paz das senzalas*. Rio de Janeiro: Civilização Brasileira, 1997.

17 SAMARA, E. de M. *As mulheres, o poder e a família*. São Paulo: Marco Zero, 1989.

deles. Em Vila Rica, em 1804, por exemplo, mantinham em média duas crianças em seu domicílio, média maior que a de crianças em domicílios chefiados por solteiras ou em residências de casadas.

Tal situação implicava, para elas, travar uma persistente luta pela sobrevivência e assumir um ônus que certamente seria avaliado pelos possíveis pretendentes. O novo casamento poderia significar alívio às preocupações financeiras, mas, em contrapartida, o novo estado de casada poderia significar também a perda da independência que a viuvez lhes teria trazido.

Apesar das muitas limitações legais, na prática a viuvez tornava as mulheres mais independentes. Passavam a chefe de domicílio e geriam negócios que porventura o marido tivesse deixado aos filhos. Sendo meeiras do patrimônio do casal, adquiriam nova posição, de mando, desconhecida em outras fases da vida, primeiro na casa dos pais ou dos tutores e depois sob a dominação do marido. Havia poucas viúvas desocupadas. Na Comarca de Mariana, em 1831, entre 1.033 viúvas menos de 20% não tinham ocupação. Fiandeiras, costureiras, tecelãs e rendeiras foram os ofícios que envolveram 44% das viúvas. Outras (24%) figuravam em tarefas ligadas à terra, como lavradoras e agricultoras, e umas poucas trabalharam como negociantes, cozinheiras, mineiras ou jornaleiras.[18]

Mulheres imigrantes

Emigrar percorrendo longas distâncias, sem jamais antes ter saído de sua aldeia, ir para um novo mundo com filhos pequenos, enfrentar trabalhos pesados, nunca mais ver seus

18 LEWKOWICZ, I., GUTIÉRREZ, H. As viúvas em Minas Gerais nos séculos XVIII e XIX. *Estudos de História*, v.4, n.1, 1997, p.129-46.

parentes, ou se comunicar com eles esporadicamente foi o destino de muitas mulheres que por necessidade de sobrevivência se sujeitaram a mudanças tão drásticas em sua vida. Nessas condições, milhares delas, oriundas de diversos países da Europa e da Ásia, estabeleceram-se nas regiões brasileiras que receberam imigrantes estrangeiros; o trabalho na agricultura exigia a força do trabalho familiar.

No sul do país, em região de colonização europeia onde se estabeleceu a pequena propriedade, como em Santa Catarina, as mulheres eram valorizadas pelo que pudessem fornecer de trabalho além das lides domésticas. O fundador de Blumenau, em cartas enviadas à Alemanha, em 1853, destacava e aconselhava os jovens que estavam prontos para empreender viagem ao Brasil e se estabelecer na colônia:

> O emigrante que trabalha na terra, necessita do auxílio de uma mulher e boa dona de casa ... uma esposa aqui é tão necessária como o pão de cada dia ... [Deve] procurar trazer uma esposa com prendas domésticas e que não seja muito habituada a cidades grandes.

O conselho era sábio, pois o árduo trabalho nas colônias, nas pequenas propriedades, dependia essencialmente do trabalho familiar. Um pequeno agricultor não podia se dar ao luxo de ter uma mulher preguiçosa, o que sem dúvida seria grave empecilho a sua prosperidade.

Uma jovem esposa, em carta à sogra, na Alemanha, comunicava os trabalhos que desenvolvia: enquanto o marido trabalhava nas roças, ela, com o auxílio de uma empregada – caso raro –, também alemã, cuidava da casa, do jardim e dos animais.[19] Eram tarefas tradicionais para as mulheres camponesas na Europa: a elas pertencia o domínio dos vegetais e da criação de galinhas e porcos. A sobrevivência das

---

19 WOLFF, C. S. *As mulheres da Colônia Blumenau:* cotidiano e trabalho (1850-1900). 1991. Dissertação (Mestrado) – PUC.

famílias dependia das habilidades das mulheres em conduzir tais tarefas.

Em outra região do sul do país, no Paraná, em meio às comunidades de imigrantes, também as mulheres de origem camponesa tinham uma rotina árdua. No século XIX, nas colônias, as mulheres, além de cuidar da casa e dos filhos, tinham importante papel nos trabalhos na roça, produzindo centeio, milho, batata e feijão e cuidando dos animais. Era uma produção essencial para o abastecimento da província. Essa produção continuou pelo século XX, quando as moças, além de trabalharem em terras de familiares, empregavam-se em chácaras vizinhas, para garantir alguns trocados a mais no orçamento familiar. Em Curitiba, as mulheres de ascendência polonesa transportavam mercadorias para as cidades: vendiam hortaliças, frutas e aves, além de se dedicarem a intensa atividade como leiteiras, entregando o produto em domicílio. No início do século XX, muitas se tornaram *criadas de servir* nas casas no centro da cidade. Lavavam, passavam, engomavam, cozinhavam, cuidavam de crianças e faziam compras. O trabalho iniciava-se cedo e terminava à noite. Ganhavam pouco, não tinham salário fixo, mas a pequena renda contribuía para arcar com as despesas familiares próprias.[20]

Em regiões como São Paulo, em que a imigração internacional foi primordialmente dirigida para a lavoura cafeeira, em geral toda a família trabalhava, o que acabou também por elevar a renda dos imigrantes, possibilitando sua mobilidade social. O cálculo era que além do serviço do marido, a mulher fosse responsável por mil pés de café, assim como cada criança. Considerava-se que com doze anos, homens e mulheres já estavam aptos a esse tipo de trabalho nos ca-

---

20 BUENO, W. de L.. *Uma cidade bem amanhecida*. Curitiba: Aos Quatro Ventos, 1999. p.63-5.

fezais. Além disso, a família poderia plantar milho, feijão, arroz, hortaliças, criar animais, e o que sobrava do consumo era vendido na própria fazenda ou nas cidades e nos vilarejos mais próximos.[21]

As mulheres responsabilizavam-se por grande parte de tais tarefas, além de prepararem alimentos para o consumo, como carnes, farinhas e conservas, o que representava parcela crucial da produção familiar dos colonos, tão importante quanto os trabalhos nos cafezais, que revertia no sustento e na formação de pequenos pecúlios que lhes permitiam a aquisição de propriedades rurais.

As mulheres nas fábricas

Às moças mais pobres e com pouca escolarização restava o trabalho nas fábricas ou no serviço doméstico. Nos primeiros anos da industrialização recorria-se, em alguns setores, primordialmente à mão de obra feminina, como na indústria têxtil em que chegou a mais de dois terços da força de trabalho no início do século XX.

Noel Rosa, compositor de canções populares, imortalizou a operária das tecelagens, do Rio de Janeiro, na década de 1920, em *Três Apitos*:

> Quando o apito da fábrica de tecidos
> Vem ferir os meus ouvidos, eu me lembro de você
> Mas você anda sem dúvida bem zangada
> Ou está interessada em fingir que não me vê
> Você que atende ao apito de uma chaminé de barro
> Por que não atende ao grito tão aflito
> Da buzina do meu carro?
> Você no inverno sem meias vai pro trabalho

---

21 SILVA, M. A. M. e. De colona a boia-fria. In: DEL PRIORI, M. (Org.). *História das mulheres no Brasil*. São Paulo: Contexto/Editora da Unesp, 1997. p.556.

> Não faz fé em agasalho nem no frio você crê
> Você é mesmo artigo que não se imita
> Quando a fábrica apita faz reclame de você
> Nos meus olhos você lê como eu sofro cruelmente
> Com ciúmes de você
> Nos meus olhos você lê como eu sofro cruelmente
> Com ciúmes do gerente impertinente
> Que dá ordens a você
> Sou do sereno, poeta muito soturno
> Vou virar guarda-noturno e você sabe por quê
> Mas você não sabe que enquanto você faz pano
> Faço junto do piano esses versos pra você

No estado de São Paulo, e também no do Rio de Janeiro, a produção dos teares já era predominantemente feminina quando a produção brasileira se caracterizava por ser eminentemente doméstica. Na indústria, os salários pagos às mulheres eram sempre menores que os destinados aos homens, mesmo quando o trabalho realizado era idêntico. Calculavam-nos, muitas vezes, não segundo as tarefas realizadas, mas de acordo com o sexo e a idade.

Em São Paulo, uma característica marcante do operariado industrial era o fato de ser constituído por estrangeiros ou por filhos destes, em particular italianos. Eles moravam com sua família nos bairros operários próximos às fábricas, em condições precárias. A partir da Primeira Guerra Mundial, com o crescimento da economia urbana, houve aumento da construção de casas de aluguel para os operários e melhoria das condições de seus bairros. Muitos empresários industriais edificaram vilas operárias.

Nas décadas de 1910 e 1920, pensou-se também na educação das mulheres para os serviços nas manufaturas. Em São Paulo, criaram-se escolas profissionais destinadas às meninas. A Escola Profissional Feminina da Capital oferecia cinco cursos técnicos: Confecções, Roupas brancas,

Rendas e bordados, Flores e chapéus e Economia doméstica, que incluía Arte Culinária, além de Desenho profissional. Eram, entretanto, poucos estabelecimentos, insuficientes para atender à demanda potencial.[22]

O trabalho em domicílio

Muito comum entre as mulheres era também o trabalho em domicílio, na época da expansão industrial em São Paulo, entre 1900 e 1930. A indústria de sacaria para o café costumava utilizar esse tipo de serviço.[23] Nesse caso, desde o século XIX adotava-se essa prática. Os comissários de café importavam os tecidos de juta e encaminhavam-nos à casa das costureiras que cosiam a sacaria à mão. Depois de 1930, passaram a ser costurados à máquina. O trabalho manual manteve-se por bastante tempo, pois a mão de obra era barata e não compensava o investimento em maquinário. Como era feito em casa, não havia controle das jornadas de trabalho, que se prolongavam por mais horas do que nas fábricas, pois o pagamento era por peça e muito pequeno. Mesmo assim, julgava-se interessante para as mulheres que permaneciam em casa com os filhos e dedicando-se também aos serviços domésticos.

Também o trabalho de lavar roupas era em domicílio. Antes do advento das máquinas de lavar roupas – as primeiras, importadas do exterior, começaram a ser utilizadas na década de 1950 –, lavar, passar e engomar eram tarefas das lavadeiras, contratadas por serviço apenas para essa finalidade. Elas percorriam a cidade com suas trouxas à cabeça recolhendo as roupas sujas e entregando-as de volta prontas

---

22 MOURA, E. B. B. de. *Mulheres e menores no trabalho industrial*. Petrópolis: Vozes, 1982. p.95.
23 MATOS, M. I. S. de. *Por uma história das mulheres*. São Paulo: Edusc, 2000.

TRABALHO COMPULSÓRIO E TRABALHO LIVRE NA HISTÓRIA DO BRASIL

para o uso. Fazia-se o pagamento conforme a quantidade de roupa tratada.

Após a abolição da escravidão tornou-se mais comum o uso de criadagem paga. Entretanto, sendo os salários ínfimos, muitas trabalhavam praticamente em troca de casa e comida. Os termos com os quais eram tratadas ainda demonstravam os resquícios do tempo da escravatura. No diário de Helena Morley, que descreve o cotidiano familiar de Diamantina no início do século XX, nota-se o emprego da palavra "alugada" para designar uma criada contratada livremente. O termo sobrevivia aos tempos em que alugar escravos era atividade comum.

Nas regiões que receberam imigrantes estrangeiros, viam-se muitas mulheres engajarem-se no serviço doméstico, provenientes sobretudo da área rural, em virtude da migração interna que, desde a década de 1930, assistiu ao deslocamento de milhões de moças do campo para a cidade. Muitas delas passaram a realizar trabalhos domésticos como assalariadas. Tal exército ampliou-se nos anos seguintes. O censo de 1970 contabilizou 1.680.147 empregadas domésticas, que representavam 5,7% do total de trabalhadores e 27,3% da mão de obra feminina ocupada. Até essa época o trabalho feminino era barato e abundante, e o treinamento para os serviços domésticos podia ser ministrado nas próprias casas. As colocações geralmente eram resultado de contatos pessoais existentes entre as que já estavam empregadas, parentes ou conhecidas da terra natal, e as recém-chegadas, que muitas vezes migravam já com uma indicação do seu serviço.

Até a década de 1950, os trabalhos em casa de família começavam muito cedo, por volta das seis horas da manhã e, em geral, terminavam à noite, depois de servido o jantar, arrumada a mesa e lavada a louça. As folgas costumavam ser quinzenais e as férias eram raras. Elas cuidavam de todo o serviço da casa realizado manualmente, pois não havia aparelhos domésticos que facilitassem o trabalho. Os assoalhos eram raspados com a força física dos pés, e agachadas no chão passavam a cera com as mãos e enceravam com um escovão, cujo manejo exigia muito esforço físico. As casas mais abastadas contavam com criadagem mais ampla e especializada: governanta, cozinheira, arrumadeiras. O mais comum, entretanto, era uma criada para todo o serviço.

Muitas histórias podem ser contadas. Maria Senhora Viana, por exemplo, chegou a São Paulo, vinda da Bahia, em 1953, com treze anos de idade. Seu pai já por diversas vezes estivera em São Paulo para trabalhar na construção civil. Ele retornava esporadicamente para levar dinheiro à família que ficara em Quaraçu, distrito de Cândido Sales, onde eram proprietários de um pequeno sítio, até que a esposa com dois dos quatro filhos resolveu mudar-se com parte da família para São Paulo. Os menores ficaram com a avó na Bahia. Empreenderam a viagem em *pau de arara*, caminhão com bancos de madeira, coberto de lona. O percurso demorou sete dias, nos quais se alimentaram de farinha misturada a pouca coisa. Ao chegar, em pleno inverno paulista, hospedaram-se na casa de um compadre. Os paus de arara desembarcavam seus passageiros na estação do Brás, onde havia hospedarias destinadas a esse público. Maria chegou em um sábado. Na segunda-feira estavam todos empregados no bairro do Bom Retiro.

Maria Senhora passou a trabalhar em uma pequena oficina de bichinhos de pelúcia onde permaneceu por um ano. O irmão, em uma fábrica de plissê de saias, a mãe, em casa de família e o pai, na construção. Todos dormiam no emprego. No domingo, encontravam-se na estação da Luz e passeavam no jardim da Luz. Maria acabou saindo do emprego por causa de um desentendimento entre seu pai e a patroa, que desejava que ela trabalhasse na Sexta-Feira da

Paixão. Bastou atravessar a rua e já tinha um novo emprego em casa de família.

Ao completar o pagamento do empréstimo que haviam feito para empreender a viagem a São Paulo, alugaram uma casinha de madeira com apenas um quarto e banheiro no quintal, na Vila Medeiros, bairro da Zona Norte da Capital que cresceu com as habitações construídas pelos migrantes nordestinos. A mãe Isabel passou a lavar roupa para fora, puxando água do poço. Depois de dois anos ao se mudarem para uma casa melhor, Isabel foi buscar os filhos menores na Bahia.

Maria casou-se aos dezesseis anos, teve três filhos, separou-se, casou-se novamente em 1970 com um motorista de ônibus, também migrante, proveniente de Minas Gerais, que conheceu em suas viagens da casa para o emprego em casa de família. Exercia essa atividade, até a época do depoimento, uma vez por semana, aos sessenta anos.[24]

Profissões que se tornaram femininas

Nos primeiros anos do século XX, assim como nos séculos anteriores, a população em geral não era alfabetizada, ainda menos as mulheres. Em 1872, 84% da população era analfabeta, e aproximadamente oito em cada dez homens e nove em cada dez mulheres não sabiam ler ou escrever. Em 1920, esses números decresceram um pouco, mas ainda assim, entre as mulheres, 80,1% delas continuavam analfabetas. O ingresso de população estrangeira aumentara os índices de alfabetização. As mulheres imigrantes apresentavam taxas menores de analfabetismo: 62,2%. Em 1940, a disseminação da instrução primária já havia reduzido o

---

24 Depoimento de Maria Senhora Viana. São Paulo, 8 de abril de 2004.

FIGURA 4. PROFESSORA E ALUNAS DO INSTITUTO FEMININO DE EDUCAÇÃO PADRE ANCHIETA, SÃO PAULO, 1956.

analfabetismo da população como um todo para 61,2%. Em 1970, os homens que não sabiam ler nem escrever constituíam 37,1% do total de homens e as mulheres 40,4% do total de mulheres.[25]

Em meados do século XIX, começaram a ser criadas as primeiras escolas normais para formar professores. A partir dessa época, a profissão de professor foi se tornando cada vez mais uma função feminina. A entrada de imigrantes no país e o crescimento econômico tornaram necessário maior investimento em educação.

De início houve resistência a essa feminização da profissão, pois muitos consideravam as mulheres com cérebro pouco desenvolvido. Os defensores da entrada maciça das mulheres no magistério argumentavam que tal atividade seria uma continuação da maternidade, algo natural para elas. Era uma atividade aceita, porque sendo de apenas um turno não as desviaria do lar.[26] Em todo o país, em 1920, o

---

[25] TUPY, I. S. S. T. *Retratos femininos:* gênero, educação e trabalho nos censos demográficos (1872-1970). 2004. Tese (Doutorado em História) – USP, Anexos.
[26] LOURO, G. L. Mulheres na sala de aula. In: DEL PRIORI, M. (Org.), op. cit., p.443-81.

magistério já contava com 38 mil mulheres contra 16 mil homens. Com o decorrer dos anos essa disparidade se acentuou, tornando-se a profissão majoritariamente feminina.

As moças eram preparadas em escolas normais, e nas décadas de 1940 e 1950 logo se popularizaram as normalistas. Muitas moças preparavam-se aí para o casamento e trabalhavam enquanto esperavam encontrar um possível marido. Canções populares as enalteciam, como a *Normalista*, da década de 1950, interpretada por Nelson Gonçalves:

> Vestida de azul e branco
> Trazendo um sorriso franco
> Num rostinho encantador
> Minha linda normalista
> Rapidamente conquista
> Meu coração sem amor...
> Mas a normalista linda
> Não pode casar ainda
> Só depois que se formar
> Eu estou apaixonado
> O pai da moça é zangado
> E o remédio é esperar[27]

Outras profissões foram também se feminizando ao longo dos anos. No início do século XX, mulheres de menor condição social, mas com alguma instrução e com necessidade de trabalhar, colocaram-se em setores que se tornaram socialmente aceitos para o sexo feminino. Paulatinamente foram sendo admitidas como vendedoras no comércio de balcão, em escritórios de empresas e em repartições. Nos escritórios começaram pelas empresas estrangeiras, onde o preconceito em relação ao trabalho feminino era menor. Ao entrarem no comércio logo se tornaram preferidas por

---

27 Apud LOURO, G. L., op. cit., p.471. *Normalista*, de Benedito Lacerda e David Nasser, gravada por Nelson Gonçalves.

algumas razões, conforme relata um escrito de 1931, que revelava as opiniões correntes a respeito das mulheres:

1.º – As moças não fumam, nem se levantam de cinco em cinco minutos como os rapazes;
2.º – Não têm preocupações financeiras, ou as dominam, não deixando de trabalhar, ou trabalhando menos, pelo fato de terem compromissos pecuniários, como acontece frequentemente aos homens;
3.º – São mais dóceis, mais pacientes, mais dedicadas ao serviço;
4.º – Não têm aspirações, ou são muito modestas nas mesmas.[28]

A modernização tecnológica ensejava também novas oportunidades. A Companhia Telefônica do Rio de Janeiro, por exemplo, empregava centenas de moças como telefonistas. Tratava-se de trabalho estritamente controlado. Todos os movimentos eram cronometrados, desde a chegada, o tempo para guardar agasalhos, até a postura diante dos aparelhos, em posição totalmente vertical. A companhia tinha visitadoras que iam à casa das empregadas quando estas faltavam. Averiguavam o tempo da viagem da casa ao trabalho, as condições da moradia e, se a moça não morasse com a família, quais os motivos para tal situação, pois havia a preocupação de empregar apenas "meninas honestas".[29]

Um pouco mais tarde, outros setores passaram por um processo de feminização: o bancário, o de saúde e serviços médicos e, em geral, as profissões liberais.

Ao contrário desse crescimento, o setor primário (agricultura e pecuária) recuava na contratação de mulheres, como, aliás, ocorria também com os homens. As mudanças foram significativas: em 1940 quase 47% das mulheres economicamente ativas estavam empregadas na agricultura;

---

28 Texto de Clodeveu Doliveira, de 1931, reproduzido por PINHEIRO, P. S., HALL, M. M. *A classe operária no Brasil, 1889-1930*. São Paulo: Brasiliense, 1981. v.2., p.139-40.
29 Ibidem, p.144.

TRABALHO COMPULSÓRIO E TRABALHO LIVRE NA HISTÓRIA DO BRASIL

já em 1980 esse porcentual tinha caído a 14%. Além da modernização no campo que diminuíra a mão de obra ocupada nessa atividade, a partir de 1960 muitas mulheres com baixa escolaridade continuaram nessa atividade mas de forma diferente, agora como boias-frias. Por isso, passaram a viver na periferia das cidades cujas regiões demandam mão de obra para os canaviais, laranjais, cafezais e outras culturas, as quais mesmo em parte mecanizadas necessitam sazonalmente de trabalhadores.

As ocupações principais das mulheres deslocaram-se para os serviços: em 1940 eles representavam 26% da força de trabalho feminina, alcançando, em 1980, 50%, metade alocada nas áreas de educação e saúde, e metade em serviços domésticos remunerados. O comércio ganhou também participação das mulheres nesses quarenta anos, passando de 1,9 para 12,6%. Embora tivesse registrado leve queda de 24 para 21%, entre 1940 e 1980, entre a população feminina economicamente ativa a indústria de transformação manteve-se como importante setor de atividade para essa parcela da população.

No Brasil atual

Ainda nos dias atuais pode-se dizer que persiste o modelo de uma identidade feminina construída em torno do mundo doméstico, segundo o qual cabem às mulheres as responsabilidades do lar e a educação dos filhos. Em geral, esse fator condiciona e limita a participação feminina no mercado de trabalho.[30] No passado, sobretudo quando casadas, eram consideradas relativamente incapazes. Apenas a partir de

---

30 BRUSCHINI, C. Mudanças e persistências no trabalho feminino (Brasil, 1985-1995). In: SAMARA, E. de M. (Org.). *Trabalho feminino e cidadania*. São Paulo: Humanitas, 2000. p.35.

1942, no direito do trabalho, passaram a ter maior liberdade, podendo exercer qualquer atividade lícita fora do lar. Mas o marido poderia impedi-la de continuar em um emprego caso julgasse que prejudicaria sua vinculação à família ou se houvesse perigo à sua condição de mulher. A Lei n. 4.121, de 1962, revogou a parte do Código Civil de 1917 que considerava as mulheres incapazes relativamente, embora ainda deixasse a desejar no caminho da igualdade entre mulheres e homens, mantendo a posição do marido como chefe da sociedade conjugal. Só com a Constituição de 1988 instituiu-se a igualdade de direitos e de deveres entre homens e mulheres.[31]

O perfil das mulheres que trabalham fora de casa também mudou muito. As de classe média e alta engajaram-se no mercado de trabalho que antes contava com a presença apenas das mulheres mais pobres, que continuam trabalhando vigorosamente. Não só as jovens solteiras sem filhos estão presentes no mercado, como é crescente a atuação de mulheres mais velhas, casadas e com filhos. Atualmente, elas estão empenhadas em fazer carreira, quando a escolaridade e as oportunidades profissionais o permitem. O número de filhos por família reduziu-se graças ao avanço e ao conhecimento dos métodos anticoncepcionais; as transformações culturais e sociais abriram novas oportunidades e possibilidades de atuação em espaços públicos. Hoje, elas estão cada vez mais em todos os setores de atividades, mesmo naqueles que até muito pouco tempo eram redutos masculinos.

---

31 MORAES FILHO, E. de. O trabalho feminino revisitado. Separata da revista *Legislação do Trabalho*, jul. 1976, p.285.

4 Crianças no mundo do trabalho

No passado, as crianças começavam a participar cedo do mundo do trabalho, fossem meninos ou meninas, livres ou escravas. A preocupação com a regulamentação do trabalho infantil, a retirada das crianças do mercado de trabalho e mesmo sua proibição concretizaram-se no início do século XX, quando a exploração da mão de obra infantil na indústria se acentuou e a escolarização passou a ser encarada como um valor que deveria atingir a todos.

A legislação colonial

O que significava ser criança ou jovem há duzentos ou trezentos anos? Como a legislação tratava as crianças? Nas Ordenações Filipinas, conjunto de leis que regeu o Brasil na colônia, eram considerados menores aqueles com menos de 25 anos de idade, situação que se manteve até 1831, quando a maioridade foi reduzida para 21 anos. Nas Ordenações há referências a outras idades como três, sete e doze anos, que aparentemente tinham um significado na conduta dos adultos em relação às crianças e na determinação de seu destino, sobretudo quando haviam perdido o pai. Até três anos, quando órfã, a criança ficaria com a mãe: era a chamada criação de leite. Dos sete anos em diante os órfãos poderiam ser dados por *soldada*, isto é, preparados formalmente para o trabalho. Até os 12 anos deveriam ser ensinados a ler e escrever "aqueles que forem para isso", ou seja, os de condição social superior.

A legislação filipina é pouco loquaz quanto às crianças e ao trabalho infantojuvenil. O termo criança não era empregado; ela tinha existência apenas como órfã e como enjeitada. A matéria em que há informações sobre trabalho de crianças é a *soldada*, na qual constam diretrizes para o emprego dos órfãos no trabalho. Trata-se de recomendações específicas que visavam a coibir o abuso da parte dos responsáveis que se incumbiam da guarda da criança, sem se distanciar da ideia de o trabalho delas ser natural no seio da família.

As Ordenações deixam entrever que a criança após os sete anos estava claramente destinada ao trabalho. Determinavam que, se o juiz considerasse que quaisquer pessoas haviam criado algum órfão até essa idade sem nada receber, estes "deixarão ter de graça outros tantos anos, quantos o assim criaram sem preço", o que significava que tais pessoas poderiam dispor do trabalho da criança de que haviam cuidado desde tenra idade.[1]

Ensinar ofícios aos órfãos foi outra disposição detalhada nas Ordenações. A legislação era bastante clara no que se refere à preservação da condição social dos órfãos. Na matéria a respeito da *soldada* observa-se a distinção: os filhos de lavradores deveriam ser encaminhados a outros lavradores para os trabalhos do campo ou para mães viúvas que os quisessem para tal mister, ou a uma sequência ordenada de parentes em graus ascendentes. Aplicavam-se multas aos juízes que não destinassem esses órfãos a lavradores e aos tutores que não orientassem tais crianças para a lavoura. A legislação permitia que fossem usados em outros trabalhos, como guardar

---

1 GUTIÉRREZ, H.; LEWKOWICZ, I. Trabalho infantil em Minas Gerais na primeira metade do século XIX. *Locus (Juiz de Fora)*, v.5, n.2, 1999, p.9-21.

o gado e pequenos serviços, desde que a ocupação principal fosse a lavoura. Do mesmo modo, o juiz de Órfãos seria penalizado pecuniariamente se o órfão fosse filho de oficial mecânico e não fosse preparado para igual ofício.

Havia também regulamentação quanto ao destino dos expostos, nome dado aos enjeitados. As Santas Casas de Misericórdia geralmente se ocupavam deles. As do Rio de Janeiro, de Salvador e de Recife contavam com rodas dos expostos onde as crianças abandonadas eram entregues, sendo as únicas rodas existentes até 1790. Nas décadas seguintes seriam fundadas mais nove Casas da Roda em diferentes cidades do Império. A roda era um mecanismo instalado no muro externo dos prédios para que a criança fosse ali depositada; girando-se a roda o bebê passava ao interior da instituição, sendo então recolhido, preservando-se desse modo o anonimato de quem o depositara. Quando a localidade não contava com uma Santa Casa com roda, as Câmaras Municipais pagavam mulheres, em geral pobres, para tomar conta dessas crianças, que costumavam então ser abandonadas nas Igrejas, à porta de residências ou nas ruas.[2]

Leis entre 1831 e 1837 determinaram que as crianças enjeitadas teriam direito a se educar como aprendizes nos Arsenais de Guerra e Marinha, e as de cor preta poderiam ser criadas fora das Casas de Caridade e, eventualmente, dadas à soldada, tomando-se cuidado para que não fossem escravizadas.

Os índios (crianças e adultos) poderiam igualmente ser dados à soldada. Mais comum, entretanto, no caso dos indígenas, foi tirar compulsoriamente as crianças de seus pais, para catequizá-las, ensinar-lhes um ofício ou empregá-las como auxiliares domésticos, evitando, desse modo, segundo se dizia, contaminá-las com os maus hábitos de seus progenitores. Em diversos momentos, em particular quando se

---

2 VENÂNCIO, R. P. *Famílias abandonadas*. Campinas: Papirus, 1999.

tratou de avançar sobre terras indígenas e estes opunham resistência, formularam-se políticas ofensivas que contemplavam a separação ou o rapto das crianças. Em 1832, em Goiás, foi aprovado um documento oficial para reduzir os kayapós, constando com dispositivos como:

> Art. 5 – A mocidade Selvagem da Nação Kaiapó de 2 a 12 anos de idade será dividida pelo Presidente da Província pelos melhores mestres de Ofícios, e por pessoas gradas, para os ensinarem a civilizá-los.
> Art. 17 – Serão tirados nos selvagens o maior número possível de Indígenas menores, de 2 a 12 anos em reféns das hostilidades, dando-se-lhes o destino marcado nos artigos 5 e 12.[3]

Esse não foi o único nem o primeiro documento com medidas de tal teor. Muitos semelhantes a esse tinham sido implementados, em diversas regiões, na época colonial.

Embora a legislação filipina fosse bastante detalhada a respeito dos órfãos e dos abandonados de condição social livre – tanto brancos como pardos ou negros –, era omissa em relação às crianças livres que possuíam família, bem como em relação às crianças escravas ou indígenas. Registros e relatos do passado, contudo, foram quase unânimes em considerar o trabalho infantil de qualquer condição algo a ser estimulado e não cerceado ou restringido.

O tráfico e o mercado de crianças escravas

Hoje o cotidiano das crianças escravas é bem mais conhecido. Mas não de todas, pois são relativamente escassos os dados sobre as indígenas que se tornaram cativas. Por vezes um drama era contado, como o que ouviu o viajante Saint-Hilaire, que percorreu várias regiões do Brasil, entre 1820 e 1821. Em Minas Gerais ele presenciou um índio conster-

---

3 ATAÍDES, J. M. de. *Sob o signo da violência*: colonizadores e Kayapó do Sul no Brasil central. Goiânia: Editora da UCG, 1998. p.47-50.

nado queixando-se de que os portugueses haviam levado os filhos de seu grupo prometendo devolvê-los, mas até aquele momento não havia recebido notícias deles. Ocorria que, em troca de machados, açúcar e cachaça, os botocudos forneciam crianças que os portugueses levavam sob o pretexto de catequizar, revendendo-as "nas diversas povoações do distrito por quinze ou vinte mil réis".

Quanto às crianças escravas, é muito difícil saber quantas chegaram da África em virtude da confusão dos registros. Conquanto abominável, o comércio dos pequenos teria representado um peso diminuto nos três séculos de importação de africanos para a América portuguesa. Embora aparentemente não houvesse interesse em crianças, mas em jovens aptos ao trabalho, os pequenos representavam cerca de 5% dos africanos transportados pelos navios negreiros. Em 1758, um alvará determinou que haveria impostos distintos: um para os escravos adultos, outro para as crianças, as quais deveriam ser divididas em duas categorias: as que caminhavam e mediam até quatro palmos de altura (mais ou menos, 1 metro), então chamadas *crias de pé*, e deviam pagar metade do imposto, e os bebês de colo, denominados *crias de peito*, que nada pagavam e entravam na contabilidade com as mães.[4]

Entre 1734 e 1769, deixaram o porto de Luanda, em Angola, em média, 540 crianças por ano, com destino ao Brasil. Foram, ao todo, quase vinte mil crianças. Desse total, 75% já caminhavam e as demais acompanhavam sua mãe. Houve embarcações negreiras no século XVIII que transportaram quase seiscentos escravos de uma só vez, um quarto dos quais crianças (ver Tabela 4.1). O habitual, no entanto, era o transporte de poucas crianças, entre vinte e trinta por navio.

---

4 GUTIÉRREZ, H. O tráfico de crianças escravas para o Brasil durante o século XVIII. *Revista de História*, n.120, 1989, p.59-72.

TABELA 4.1 – OS MAIORES CARREGAMENTOS DE CRIANÇAS ESCRAVAS EM TUMBEIROS SAÍDOS DE ANGOLA COM DESTINO AO BRASIL NO SÉCULO XVIII

Ano da viagem	Porto de destino do tumbeiro	Número de escravos transportados	Crias de peito	Crias de pé	Total de crianças escravas	% crianças
1741	Rio de Janeiro	529	9	127	136	25,7
1741	Rio de Janeiro	559	12	115	127	25,7
1747	Rio de Janeiro	484	0	113	113	23,3
1747	Bahia	500	12	108	120	24,0
1747	Rio de Janeiro	510	3	105	108	21,2
1749	Bahia	741	11	140	151	20,4
1749	Santos	593	9	110	119	20,1

FONTE: GUTIÉRREZ, H. O TRÁFICO DE CRIANÇAS ESCRAVAS PARA O BRASIL DURANTE O SÉCULO XVIII. *REVISTA DE HISTÓRIA*, N.120, 1989, P.59-72.

Por que se traziam crianças tão pequenas nessas longas e demoradas travessias do Atlântico, sabendo-se que levariam bastante tempo antes de começar a trabalhar? Talvez por causa da expectativa de que crescessem e se tornassem escravas, ou então em decorrência da impossibilidade de separá-las das mães, evitando assim sua morte. É difícil entender as razões do tráfico de crianças, pois da ótica do comércio eram pouco rentáveis em termos de resultados imediatos, razão pela qual eram de baixa demanda.

Um mercado de crianças cativas propriamente não havia. Algumas eram compradas e vendidas, mas transações se faziam mais frequentes nas etapas finais da infância, em especial durante as fases de grandes desembarques de africanos. Outras eram doadas ao nascer. As crianças que as fazendas compravam não eram o principal objeto de investimento senhorial, mas sim as mães, que com elas se agregavam aos cafezais e plantações de cana de açúcar, entre outros.

O preço da criança escrava elevava-se de acordo com seu desenvolvimento físico. Assim, comparativamente ao que valia aos quatro anos de idade, por volta dos sete um escravo era cerca de 60% mais caro e, ao redor dos 11, chegava a valer até duas vezes mais.

O treinamento das crianças para o trabalho

O aprendizado da criança escrava refletia-se no preço que alcançava. Até os quatro anos de idade, o mercado ainda levava em conta a altíssima mortalidade infantil. Mas ao iniciar-se no servir, lavar, passar, engomar, remendar roupas, reparar sapatos, trabalhar em madeira, pastorear e mesmo em tarefas próprias do eito, o preço aumentava. O mercado valorava as habilidades que aos poucos se afirmavam. Entre os quatro e os onze anos, a criança ia tendo o tempo paulatinamente ocupado pelo trabalho. Aprendia um ofício e a ser escravo: o trabalho era sua escola. Aos 14 anos equiparava-se a um adulto: a frequência de jovens desempenhando atividades, cumprindo tarefas e especializando-se em termos ocupacionais era a mesma de escravos mais velhos.

Examinando as listas de escravos em inventários das primeiras décadas do século XIX, da área rural do Rio de Janeiro, observa-se que era por volta dos 12 anos que meninos e meninas começavam a trazer a profissão por sobrenome: Chico Roça, João Pastor, Ana Mucama. Alguns começavam muito cedo. Um escravinho de nome Gastão, por exemplo, aos quatro anos já desempenhava tarefas domésticas leves na fazenda de José de Araújo Rangel. Manoel, aos oito anos, já pastoreava o gado da fazenda de Guaxindiba, pertencente à baronesa de Macaé. E Rosa, escrava de Josefa Maria Viana, aos 11 anos de idade dizia-se ser costureira. Aos 14 anos, era-se um adulto completo.[5] Algumas crianças,

---

5 GÓES, J. R. de; FLORENTINO, M. Crianças escravas, crianças dos escravos. In: DEL PRIORI, M. (Org.). *História das crianças no Brasil*. São Paulo: Contexto, 1999. p.177-91.

em sua iniciação compulsória no trabalho, podiam contar com ajuda familiar: aravam a terra na companhia dos irmãos, plantavam e colhiam com os pais, exercitavam-se no ofício de costureira sob o olhar atento da mãe.

Maria Graham, inglesa que esteve no Brasil na época da Independência, e se tornou governanta da princesa dona Maria da Glória, observou o tratamento dispensado às crianças escravas crioulas, aquelas nascidas no Brasil, as quais viviam muito próximas às famílias dos senhores sendo mimadas por eles:

> O crioulo é uma criança estragada, até que fica bastante forte para trabalhar; então, sem nenhum hábito prévio de atividade, espera-se que ele seja industrioso; tendo passado a existência a comer, beber, e correr por aqui e ali, nos termos da igualdade familiar, espera-se que seja obediente.[6]

Debret, pintor e desenhista francês que morou no Brasil entre 1816 e 1831, também afirmou que até os seis anos as crianças cativas viviam nessa igualdade familiar. E, como Graham, achava que a maneira como as crianças cativas eram tratadas na casa senhorial acabava por oferecer-lhes uma ilusão que logo seria destruída. Eram deixadas livres nos primeiros anos, "a comer, beber, e correr", mas logo seriam forçadas a assumir sua condição social de cativas. Os visitantes europeus tinham muita dificuldade em compreender o que acontecia na vida das crianças escravas; de todo modo, chamaram a atenção para o papel da infância na trajetória do escravo adulto. Todo adulto havia sido um dia uma criança escrava, e uma infância escravizada produzia um adulto peculiar.

Os crioulos representavam os escravos mais qualificados. Por isso, havia senhores que os achavam mais inteligentes

---

6 GRAHAM, M. *Diário de uma viagem ao Brasil*. Belo Horizonte/São Paulo: Itatiaia/ Edusp, 1990. p.346.

do que os africanos. Henry Koster, que escreveu a respeito do Brasil em sua primeira visita (1809-1911), a eles se referiu:

> Acredita-se geralmente que os negros crioulos e os mulatos aprendem mais depressa um ofício que um africano. Essa aptidão superior de aproveitar o que aprendem é, sem dúvida, devido ao conhecimento desde a infância com a linguagem e maneiras dos amos.[7]

Por terem nascido no Brasil, aprendiam cedo o português, o que facilitava a aquisição de outras habilidades. Por isso o preço de um escravo crioulo era em geral maior do que o do africano, mesmo nas conjunturas de alta no desembarque de africanos.

Há outro aspecto interessante no adulto em que a criança escrava se transformava: a impaciência. Por isso, Koster preferia ter escravos africanos:

> Penso que um africano quando se adapta e parece ter esquecido sua primitiva condição, é um servo tão valioso como um crioulo negro ou um mulato. Merece, em geral, mais confiança. Longe de submeter-se humildemente à situação em que nasceram, eles roem o freio da escravidão com impaciência. O aspecto diário de tantos indivíduos de sua raça que são livres, leva-os a desejar a igualdade e lamentar a cada momento seu infortunado cativeiro. A consideração com que pessoas livres, de castas mestiçadas, são acolhidas, tende a aumentar o descontentamento dos seus irmãos escravos. Os africanos não sentem isso porque são considerados pelos seus irmãos de cor como seres inferiores, e a opinião pública estabeleceu uma linha entre ambos, de tal sorte que o escravo importado crê que o crioulo e ele não têm origem comum.[8]

A infância escravizada era a marca crucial do escravo crioulo. Apesar de cativo, ele não era estrangeiro, como os

---

7 KOSTER, H. *Viagens ao Nordeste do Brasil*. Recife: Secretaria de Educação e Cultura, Governo do Estado de Pernambuco, 1978. p.400.

8 KOSTER, H. Op. cit., p.400-1.

trazidos da África. Um lugar privilegiado na hierarquia que organizava a vida da escravaria e a impaciência eram os efeitos mais visíveis de uma infância escrava.

A família das crianças escravas

Na verdade, a situação de uma criança cativa podia ser dramática por ocasião da morte de seu proprietário, quando ocorriam as partilhas, e elas corriam o risco de serem separadas dos pais: no Rio de Janeiro, uma entre cada quatro famílias escravas era separada quando chegava a hora de dividir os bens do falecido. Por exemplo, sabe-se que por ocasião do batizado do pequeno Eugênio, em 1841, em Angra dos Reis, ele foi doado por João Inácio Rodrigues a um de seus filhos. Dois anos antes, esse mesmo proprietário doara Pedro, de apenas um mês de idade, a outro filho. Doações ocorriam quando do batismo e em geral favoreciam os familiares do proprietário. Não significavam, portanto, forçosamente, o definitivo rompimento da convivência entre pais e filhos. Muitos dos aquinhoados com os bebês escravos também eram crianças que viviam na casa paterna.

Poderia haver também separações quando ocorriam as alforrias; contudo, nesses casos, igualmente não havia quebra irremediável dos vínculos familiares. Os libertos podiam viver nas mesmas propriedades ou perto de seus filhos que permaneciam escravos e as visitas geralmente eram assíduas. Muitos passavam a trabalhar com o objetivo de comprar a liberdade dos demais familiares, como o liberto Marcelino que fora alforriado quando da morte do dono, com a mulher e a mãe, mas seus filhos continuaram escravos. Uma simples declaração por escrito promoveu a separação entre pai, mãe, avó, filhos e netos. Entretanto, essa fratura da família aconteceu apenas nos documentos do senhor, pois,

TRABALHO COMPULSÓRIO E TRABALHO LIVRE NA HISTÓRIA DO BRASIL

no mundo real, Marcelino passou a viver em uma pequena senzala, com a mulher e a mãe, a meia légua da fazenda na qual permaneceram escravos seus filhos. Ele os visitava e abençoava regularmente.[9]

A mortalidade também se mostrou presente no paulatino desaparecimento dos vínculos familiares entre filhos e pais. Há casos pungentes. Do inventário de Paschoal Cosme dos Reis, por exemplo, aberto em 1850, consta o minucioso registro de todos os óbitos de escravos ocorridos em seu engenho fluminense entre 1842 *e* 1852. Morreram 128 cativos (mais de dez escravos por ano) dos quais 54 eram crianças, recém-nascidos na maioria. Por razões como essas é que, às vezes, havia propriedades, em geral pequenos sítios, cujas escravarias eram formadas unicamente por crianças.

O menino crioulo que perdia seus pais normalmente não ficava só. Havia uma rede de relações sociais escravas, em especial as de tipo parental. Muito possivelmente ele teria irmãos, um ou outro tio, primos, além de, por vezes, avós, que poderiam viver dentro e fora da propriedade. A extensão da rede familiar dependia da flutuação do tráfico atlântico e de vários outros fatores, como o ciclo de vida do proprietário, a ingerência da Igreja ou a conjuntura econômica que poderia aliviar o ritmo extenuante de trabalho dos pais. Havia, além disso, uma família expandida formada por padrinhos e madrinhas; o compadrio era propiciado pelo batismo católico, ao qual os escravos costumavam recorrer.

Com poucas semanas batizava-se um "inocente", como escreviam os padres nos livros. O livro de batismos dos escravos da freguesia de Inhaúma, no Rio de Janeiro, conserva muito do empenho escravo em fazer parentes e famílias. Foi aberto no dia 15 de dezembro de 1816, com o batizado de Anastácia, nascida oito dias antes. Era a filha dos es-

---

9 Cf. FLORENTINO, M.; GÓES, J. R. *A paz das senzalas*. Rio de Janeiro: Civilização Brasileira, 1997, prólogo e apêndice 1.

cravos Francisco de nação e Maria crioula. Anastácia teve por padrinho o crioulo Modesto, também cativo. Até 1842, haviam sido registrados cerca de 1.600 batizados, sobretudo de crianças. Pessoas livres foram padrinhos em menos de 10% das cerimônias. Os escravos compareceram como padrinhos em 67% delas e os libertos em 24%. As madrinhas seguiam o mesmo padrão. Nas propriedades maiores, 75% dos padrinhos eram escravos.[10]

Assim, os laços de compadrio podiam unir escravos que residiam juntos, mas também vincular membros de diferentes fazendas, bem como incorporar libertos e livres a esses laços. Francisco, Maria e Anastácia pertenciam a Felizardo Dias de Carvalho, porém o padrinho Modesto era escravo de Inácio Francisco Braga. Era algo comum, na freguesia de Inhaúma, o batismo de escravos reunir cativos de propriedades diferentes. Nas unidades menores, a maior parte dos padrinhos escravos pertencia a outro senhor; nas maiores dava-se o inverso, isto é, os escravos aí reunidos buscavam padrinhos entre si. Em 60% das fazendas da freguesia os escravos aproveitaram o sacramento católico para estabelecer vínculos de compadrio com parceiros de outras propriedades.[11]

Graças ao catolicismo tornava-se possível não apenas nascer já acompanhado por um padrinho, mas também morrer protegido. Quitéria, de três anos, foi sepultada na cova da Irmandade de Nossa Senhora do Rosário, dentro da Igreja Matriz de Nossa Senhora do Desterro de Itambi, em 1725. Antônio e Manoel, também ambos por volta dos três anos, foram enterrados junto à pia batismal da mesma Igreja, em 1741. Os escravos puseram o catolicismo a seu serviço para forjar parentes e constituir famílias. O batismo e

---

10 GÓES, J. R. *O cativeiro imperfeito*. Vitória: Lineart, 1993. p.56.
11 Cf. GÓES. Op. cit., p.122.

a Irmandade, mais do que incorporá-los a uma religião, possibilitava refazer a vida pela criação de uma comunidade africana diferente das existentes na África.[12]

Crianças livres e escravas: ocupações similares

As crianças eram usadas em diversas funções e arregimentadas para aprender variados ofícios. Em Minas Gerais, essas informações podem ser conhecidas detalhadamente. Em Mariana, em 1831, dois setores destacavam-se no que concerne ao trabalho infantil: confecção e agricultura. A confecção envolvia crianças livres, libertas e escravas. Quase metade delas trabalhava como fiandeiras, costureiras e rendeiras. A outra metade, quase todos meninos, diversificava-se na agricultura – ocupando funções de lavradores e carpinteiros – ou em ofícios diversos, como sapateiros, caixeiros, músicos, carpinteiros, mineiros, jornaleiros, tropeiros ou ferreiros. Poucas crianças, cerca de 15%, eram estudantes. Curiosamente, quase 40% das crianças alforriadas também estudavam.

Não só as crianças escravas trabalhavam. Nos domicílios em que se praticava a fiação e a tecelagem, atividade muito difundida por todo o Brasil, meninas livres e escravas dedicavam-se a essa ocupação. O aprendizado no manejo dos fios de algodão era habitualmente doméstico, enquanto a costura, mais sofisticada, merecia ensino mais especializado. Assim, em várias casas havia crianças escravas e livres vivendo como agregadas, longe de seus pais. Como discípulas permaneciam por muitos anos aprendendo a costurar, e trabalhando sem pagamento, recebendo roupas e

---

12 SLENES, R. W. "Malungu, Ngoma Vem!": África coberta e descoberta no Brasil. *Revista USP*, n.12, 1991-92, p.48-67.

alimentação. Por vezes, os pais, tutores ou proprietários ainda remuneravam quem as ensinava.

Exemplos dessas situações encontram-se em Minas Gerais. Percorrendo a cidade de Mariana, na primeira metade do século XIX, podia-se encontrar em uma pequena rua, o Beco das Gouveia, duas casas habitadas por três senhoras solteiras: as irmãs Gouveia. Acompanhando registros entre 1809 e 1823 constata-se que elas permanentemente tinham em sua companhia escravos e livres, crianças e jovens, exercendo ofícios de costura. Alguns passaram grande parte da vida com as irmãs: Francisca, de 11 anos, Agostinha de oito e Delfina de sete, além de um menino, Simão Angola com dez anos. As três irmãs ensinavam seus discípulos, que ficavam por vários anos em casa delas.[13] Muitos, de certo, após longos anos de serviço e aprendizado, não voltavam mais para seu lar.

Nessa época, a maioria das crianças livres, e ainda mais as escravas, não estudava e, segundo John Mawe, mineralogista inglês que viajou por Minas Gerais, tampouco queria trabalhar, como ele julgava que deveriam fazer. No Tijuco, observou que

> havia uma classe numerosa de indivíduos, de sete a vinte anos de idade que não dispõem de nenhum meio visível de ganhar para a subsistência e que não seriam mais laboriosos se aí se fundassem manufaturas, porque, embora criadas com os negrinhos, desde que lhes fale de trabalho comum, logo desconhecem seus camaradas de folguedos. O que afasta ainda mais os habitantes desta cidade do hábito de uma indústria regular é a esperança contínua que alimentam de se tornarem repentinamente ricos pela descoberta de minas.[14]

---

13 GUTIÉRREZ, H.,; LEWKOWICZ, I. Trabalho infantil em Minas Gerais na primeira metade do século XIX. *Locus (Juiz de Fora)*, v.5, n.2, 1999, p.9-21.

14 MAWE, J. *Viagens ao interior do Brasil*. Belo Horizonte: Itatiaia/Edusp, 1978. p.173.

Nota-se pelos escritos de Mawe que após os sete anos a criança já era vista como apta para o trabalho. Outro estrangeiro, Richard Burton, o notável explorador inglês, enfatizava em 1868 a necessidade de ocupar as crianças com trabalho, sugerindo que poderiam ser criadas tarefas adequadas à idade infantil:

> Não há nada, devo notar, mais necessário ao Brasil do que a *petite culture*: abelhas, bicho da seda, cochonilha, colheitas de sementes, que ocupem as mulheres e as crianças.[15]

O mesmo Burton, ao descrever o trabalho na mina de Morro Velho, apontou o grande número de crianças empregadas, sem atentar para a insalubridade de tal espécie de trabalho. Segundo ele, os homens trabalhariam apenas quando estava claro e alguns até sexta-feira à tarde. As mulheres poderiam largar o trabalho até as duas da tarde. Os números de Burton são:

> Sem incluir 130 crianças filhos de negros alugados, que não estão sob contrato, o estabelecimento compreende 1450 cabeças, assim distribuídas: negros da companhia, 254 (109 homens, 93 mulheres e 42 crianças); negros de Catabranca, 245 (96 homens, 87 mulheres e 62 crianças); negros assalariados por contrato, 951.[16]

O comendador Francisco de Paula Santos, como outros grandes escravistas da mineração, tinha sob contrato 269 trabalhadores, inclusive 173 crianças. Seu genro, o senhor Dumont, detinha 145, dos quais 97 adultos e 48 crianças. Com mão de obra insuficiente, a companhia inglesa de mineração costumava alugar escravos dos proprietários que dispusessem de um bom número deles. As crianças

---

15 BURTON, R. F. *Viagens ao planalto do Brasil*. São Paulo: Companhia Editora Nacional, 1941. t.I, p.168.
16 Ibidem, p.435.

que trabalhavam nas minas representavam, entre os alugados, cerca de 50%.

Em Minas Gerais, na época, pode-se perceber que fora da mineração as crianças escravas, de maneira geral, desempenhavam as mesmas ocupações que as livres, ou seja, ofícios como sapateiros, cozinheiros, caixeiros, carroceiros, ferreiros e diversos outros.

A idade das crianças que trabalhavam

Meninos e meninas ingressavam em tenra idade no mercado de trabalho indistintamente. A divisão sexual do trabalho era, no entanto, bastante clara, a fim de reservar determinados setores aos homens e outros às mulheres. A tecelagem, por exemplo, era um setor quase exclusivamente feminino. Em Minas Gerais, na comarca de Mariana, 95% das crianças que teciam eram meninas, fossem livres ou escravas. Ao contrário, a agricultura, o segundo setor em importância, era atendida por uma mão de obra infantil quase inteiramente masculina. Do mesmo modo, entre os estudantes os homens predominavam, e 96% das crianças que estudavam eram do sexo masculino. Outros ofícios eram divididos por ambos os sexos: cozinheiro, servente e, curiosamente, mineiros. Mas os meninos lideravam nas profissões de músicos, carroceiros, ferreiros, tropeiros, sapateiros e carpinteiros.

No censo mineiro de 1831 há alguns meninos de três e quatro anos de idade já com ocupação explicitada, e a partir dos cinco anos o contingente dos que ingressavam na força de trabalho não parava de crescer. Uma em cada cinco crianças com idades entre cinco e catorze anos apareceu no recenseamento de Mariana, com ocupação definida. Aos dez anos, mais de 20% das crianças encontravam-se ocupadas, sendo que ao final da infância, aos 13-14 anos, esse porcentual chegava a 44%. A curva ascendente envolveu, quase nas mesmas proporções, livres, libertos e escravos (Tabela 4.2).

No Piauí, na década de 1870, quando os escravos foram recenseados para efeitos da aplicação da Lei do Ventre Livre que mandava libertar os filhos das escravas, as ocupações dos cativos mostraram também diferenças importantes quanto ao sexo e a inserção precoce das crianças no mundo do trabalho. Entre os meninos a profissão mais frequente foi a de roceiro, seguida pela de vaqueiro. As meninas atuavam principalmente como rendeiras, costureiras e roceiras, nessa ordem. Eram crianças entre sete e catorze anos de idade.[17]

Esses padrões, evidentemente, inseriam-se no contexto mais amplo da sociedade agrária e escravista, e não chegavam a escandalizar os contemporâneos nem tampouco os visitantes estrangeiros, acostumados, também eles, com o trabalho infantil em seu país de origem.

TABELA 4.2 – CRIANÇAS DE 5 A 14 ANOS COM OCUPAÇÃO NA COMARCA DE MARIANA, 1831-1832

Faixa etária (anos)	Total de crianças	Número de crianças ocupadas	% de crianças ocupadas	Número de crianças ocupadas segundo a condição social		
				Livres	Libertas	Escravas
5-6	1.789	24	1,3	15	0	9
7-8	1.899	125	6,6	89	16	20
9-10	1.876	387	20,6	261	32	94
11-12	1.781	546	30,7	345	25	176
13-14	1.458	636	43,6	399	34	203
Total	8.803	1718	19,5	1109	107	502

FONTE: GUTIÉRREZ, H.; LEWKOWICZ, I. TRABALHO INFANTIL EM MINAS GERAIS NA PRIMEIRA METADE DO SÉCULO XIX. *LOCUS*, V.5, N.2, 1999, P.9-21.

---

17 KNOX, M. B. Demografia escrava no Piauí. In: *História e população*. Estudos sobre a América Latina. São Paulo: Fundação Seade, 1990. p.244-50.

Cantigas de roda

As crianças, em brincadeiras como as *cantigas de roda*, eram apresentadas a tarefas domésticas comuns ao mundo adulto, passíveis de serem exercidas por elas mais tarde, como cozinhar, lavar, tecer, arrumar a cama, dar banho em criança. Também aparecem ofícios que para elas seriam habituais, uma vez adultas: doceiras, soldados, barqueiros, padeiros, professoras. Esse aprendizado infantil pode se verificar em cantigas de roda como as seguintes (trechos), recolhidas na década de 1950 no Rio de Janeiro, Minas Gerais e vários Estados do Nordeste:

Atividades domésticas

– Ô morena bonita
como é que se cozinha?
– Põe a panela no fogo,
vai conversar com a vizinha.

Samba, crioula,
que veio da Bahia.
Pega na criança
e joga na bacia.

Fiz a cama na varanda,
esqueci do cobertor;
deu o vento na roseira,
encheu a cama de flor.

Eu vi um pretinho
queria casar
com uma viuvinha
que soubesse lavar.

Levanto-me cedinho,
apanho a roca e o fuso;
depois, segundo o uso
começo a trabalhar.

Ofícios

De abóbora faz melão,
de melão faz melancia.
Faz doce, sinhá, faz doce, sinhá,
faz doce de maracujá.

Ao passar da barca
me disse o barqueiro:
– Menina bonita
não paga dinheiro.

– Eu sou um padeirinho,
pão estou vendendo!
– Passa aqui, menino,
por ti estou morrendo.

Minha mãe mandou pra escola
pra aprender o bê-a-bá.
Minha mestra me ensinou
na janela a namorar.

Marcha soldado
cabeça de papel!
Quem não marchar direito
vai preso pro quartel.

FONTES: NOVAES, I. C. *BRINCANDO DE RODA*. RIO DE JANEIRO: AGIR, 1983; JURADO FILHO, L. C. *CANTIGAS DE RODA*. CAMPINAS: EDITORA DA UNICAMP, 1986.

Crianças e jovens na indústria

No século XX inicia-se o questionamento da presença maciça de menores nos locais de trabalho, ocasião em que também a educação formal nas primeiras idades torna-se um valor importante e cada vez mais universal. Embora no século XIX já se atribuísse à escola papel solucionador dos problemas sociais, as crianças pobres permaneciam afastadas de seus possíveis benefícios. Nas cidades, o trabalho fatigante de muitas horas impedia-nas de seguir as atividades escolares.

Os próprios operários em suas reivindicações pela melhoria de condições de trabalho apontavam as condições desumanas a que estavam submetidas as crianças trabalhadoras. As denúncias partiam dos jornais operários que enfatizavam o drama do trabalho infantil, ao noticiar, por exemplo, a morte de um menino de 11 anos que ocorreu em uma fábrica do Rio Grande do Sul:

> Quando deveria ainda andar no colégio, já era obrigado a ganhar um desgraçado salário para ajudar-se a sustentar. Que miserável sociedade. Um pai vê-se obrigado a sacrificar seus inocentes filhos para não vê-los passar fome. (*A Razão*, 1896)[18]

Desde cedo o trabalho infantil esteve disseminado por todos os ramos industriais. A ideia do trabalho infantil não era malvista em si: pensava-se que era uma oportunidade de adestrar as crianças para o trabalho. No Rio de Janeiro, em 1882, contabilizando 84 estabelecimentos fabris, empregavam-se 3.439 operários, sendo 840 homens, 261 mulheres e 419 crianças. Uma fábrica, a Companhia Brazil Industrial, informava, em 1874, que empregava crianças de cinco anos

---

[18] PESAVENTO, S. J. Os trabalhadores do futuro. O emprego do trabalho infantil no Rio Grande do Sul da República Velha. *História* (*São Paulo*), v.14, 1995, p.194.

e se orgulhava disso, pois considerava que as habituando ao trabalho as livrava da "vagabundagem das ruas".[19]

O conflito entre a ideia do trabalho terapêutico defendida por higienistas e juristas do passado e o argumento de limitar ou retirar as crianças do mundo do trabalho retrocede à época em que ocorreu a valorização do trabalho infantil fora do âmbito doméstico. Isso ocorreu no Brasil mais acentuadamente com o desenvolvimento das atividades urbanas, sobretudo do trabalho fabril, e o crescimento da população das cidades, desde a segunda metade do século XIX.

Na indústria têxtil, em especial, o peso da mão de obra infantil era significativo. Um relatório oficial de 1912 mostra que em 29 dos maiores estabelecimentos têxteis da cidade de São Paulo estavam empregados 2.952 operários menores de 16 anos, e entre eles havia 471 crianças com menos de 12 anos, enquanto o total de maiores de 16 anos era de 6.497 trabalhadores. Ou seja, os menores constituíram mais de 31% dos operários.

Na São Paulo de 1920, eram cerca de 13 mil e, em 1927, 20 mil aproximadamente as crianças que trabalhavam. Tratava-se de um grupo composto em sua maioria por filhos de imigrantes italianos,[20] que exerciam funções como a de penteadeira, designada a menores entre 15 e 17 anos, ganhando em torno de 180$000 réis. Em outras atividades, como as de fiandeiras, dobradeiras, retorcedeiras e meadeiras, com a mesma faixa de idade, recebiam 170$000; os aprendizes, entre 13 e 14 anos, eram remunerados com cerca de 75$000. Por sua vez, adultos nas mesmas funções recebiam 300$000, o que demonstra a lucratividade do trabalho do

---

19 LOBO, E. M. L.; STOTZ, E. N. Formação do operariado e movimento operário no Rio de Janeiro, 1870-1894. *Estudos Econômicos*, v.15, 1985, p.58.

20 SIMÃO, A. *Sindicato e Estado*. São Paulo: Dominus, 1966. p.31.

menor, já que as jornadas eram idênticas: oito horas diárias.[21]

A proteção do trabalho do menor

As primeiras leis de proteção ao menor datam do fim do século XIX. As discussões a respeito do assunto ampliaram-se bastante nas décadas seguintes. Em 1917 pretendia-se estabelecer a idade mínima de 14 anos e uma jornada máxima de seis horas para os que tivessem menos de 18 anos. Jorge Street, um destacado dirigente da indústria paulista, dizia:

> Trabalhei com crianças de 10 a 12 anos e talvez menos, porque nesses casos os próprios pais enganavam. O horário normal era 10 horas e, quando necessário, de 11 a 12 horas.[22]

Para empregar os trabalhadores infantis era necessário que estivessem alfabetizados. Essa obrigatoriedade baseava-se nas ideias da filantropia higienista do século XIX. A escola seria o instrumento adequado para a difusão de costumes civilizados em relação à moradia e ao comportamento moral a que deveriam ser submetidos os trabalhadores. Para isso o Estado deveria intervir e assegurar às crianças e aos jovens um mínimo considerado necessário à sua conservação e transformação em trabalhadores produtivos à nação.

O Código de Menores de 1927, elaborado pelo juiz Mello Mattos, insere-se nesses princípios. No artigo 1º, capítulo 1º da Parte Geral, consta que é objeto e fim da lei o menor "de um ou outro sexo, abandonado ou delinquente, que tiver menos de 18 anos de idade". Não é de espantar

---

21 VIANA, L. W. Op. cit.
22 SIMÃO, A. Op. cit., p.81.

que o Código tenha assim se iniciado, pois foi subsidiado pela ideia geral de que os pobres eram infratores que viviam na vagabundagem, embora seus comentadores tivesem ressalvado que nas famílias ricas semelhante situação também poderia ocorrer.

Na época da discussão do projeto do Código de Menores, diante da perspectiva de sua aprovação, os industriais da fiação e tecelagem, o maior ramo empregador de jovens e crianças, trataram de se mobilizar contra a nova lei. Todavia, tornava-se difícil, perante a opinião pública, o ataque ao Código em projeto. A classe média, como nos países de economia mais avançada industrialmente, adquirira uma imagem de família em que o pai deveria ser o provedor, o que impunha uma legislação que incentivava a escolarização obrigatória e a regulamentação do trabalho infantil. Conferências internacionais impunham medidas protetoras da infância, e legislações específicas estavam sendo adotadas, com pequenas diferenças, em todo o mundo ocidental.[23]

Não era possível, portanto, aos industriais negar todo o código. Assim, o combate concentrou-se em alguns pontos, como a instituição de idade mínima para o trabalho. Otávio Pupo Nogueira, que durante muitos anos foi o diretor da associação patronal dos têxteis, em 1925, defendia a ideia de que o menor com 12 anos estava apto ao trabalho na indústria sem que isso lhe acarretasse nenhum prejuízo. Alegava que, com essa idade, o jovem

> Já deixou a infância e se abeira da puberdade. Isto é mais patente no sexo feminino, aquele que, aliás, mais abunda nas fábricas de tecidos e em todas as indústrias que exigem mão de obra em que devem figurar certos requisitos de destreza. A menina de 12 anos mesmo que nasce de pais estrangeiros, principalmente pais latinos, aos 12 anos tem seu corpo formado e bem assentado o fundo de seu espírito.

23 MINEIRO, B. S. *Código de Menores dos Estados Unidos do Brasil*. São Paulo: Nacional, 1929. p. 163-70.

Para as indústrias, acostumadas ao trabalho infantil, parecia impossível sobreviver e alcançar lucratividade sem ele. Dizia-se que

> No dia em que fosse entre nós proibida a entrada de menores nas fábricas de tecidos elas sofreriam um grande abalo na sua vida. Há, em tais fábricas, tarefas que exigem a destreza da infância e só por mãos infantis ganham o máximo de sua eficiência.

Esse depoimento acrescenta outro aspecto raramente mencionado nos escritos coevos acerca do trabalho de crianças nas fábricas, isto é, a "destreza" dos menores para determinadas tarefas. Além da habilidade e da remuneração menor outra vantagem seria a docilidade característica desse tipo de trabalhador, embora estivessem mais sujeitos a acidentes de trabalho por causa das brincadeiras, sendo constantemente admoestados e agredidos por operários adultos – companheiros ou chefes – por esse motivo.[24]

Eram frequentes as denúncias de espancamento de crianças no interior das fábricas. Famílias operárias, em virtude da necessidade, expunham seus filhos a esses ambientes e os pais por vezes os surravam quando perdiam o emprego.

Algumas pequenas modificações foram introduzidas por decretos que regulavam o trabalho do menor, mas o Código não foi modificado em sua essência até o Estatuto de 1990. Após 1946, e mais acentuadamente em 1967, houve um retrocesso na legislação: rebaixamento da idade e de salário.[25]

Em São Paulo, no início do século XX, crianças trabalhavam dia e noite. Provavelmente os menores seriam a metade do operariado industrial e deste 8% eram menores de 14 anos. Nas Indústrias Matarazzo, em São Paulo, havia máquinas de tamanho reduzido, adaptadas às condições infantis. Na fábrica Mariângela, 32% dos operários eram menores

---

24 PIRES, J. M. *Trabalho infantil*: a necessidade e a persistência. 1988, p.66. Dissertação (Mestrado em Economia) – USP; MOURA, E. B. B. Op. cit., 1991.
25 PIRES, J. M. Op. cit., p.107-8.

de 16 anos, trabalhando 13 horas diárias. Em 1920, em São Paulo, o contingente de trabalhadores menores na indústria chegava a quase 30% do total.

Em passado recente o trabalho infantil não causava muita indignação. No fim da década de 1930, pensava-se em formar trabalhadores para a indústria. Via-se no desenvolvimento industrial o futuro do país, e a solução para seus problemas econômicos. Havia já uma parcela de jovens trabalhadores no mercado e constatava-se a falta de uma estrutura educacional que atendesse às novas necessidades do mercado de trabalho.

A Constituição de 1937, no artigo que tratava da Educação e Cultura, assinalava como primeiro dever do Estado o ensino pré-vocacional e profissional destinado aos menos favorecidos. Alguns anos depois, em 1942, foi criado o Serviço Nacional de Aprendizagem dos Industriários (Senai). A implantação de tais escolas que visavam a aperfeiçoar o jovem trabalhador até hoje atende uma parte da população, embora pequena. Tornou-se exigência para admissão a idade mínima de 14 anos e, no início, a conclusão de quatro anos de escolaridade, que com o tempo foi aumentada para oito. Havia e há preocupação com a formação geral e com a especialidade escolhida pelos aprendizes e das indústrias interessadas.[26]

O trabalho das crianças e dos jovens no Brasil atual

Na América Latina e no Caribe são cerca de vinte milhões de crianças e adolescentes que trabalham, enquanto há vinte

---

26 FREITAS FILHO, A. P. Os industriais e a educação profissional dos jovens trabalhadores no final do Estado Novo: a criação do Senai. , v.14, 1995, p.215-27.

milhões de desempregados, sobretudo nas zonas urbanas. Essas informações, consideradas atualmente alarmentes, são da Organização Internacional do Trabalho (OIT) que se preocupa com essa situação e empenha-se em erradicar o trabalho infantil. Além de não ser justo para essas crianças porque elas não têm direito a brincar nem acesso à educação, nem contam com serviços de saúde adequados; são vistas como os pobres do futuro que perpetuarão a pobreza familiar.

São chocantes as cenas diárias nas grandes cidades: crianças nos semáforos oferecendo produtos aos motoristas, em dias frios ou muito quentes, arriscando-se ao atropelamento e às adversidades do convívio na rua. Fora dos grandes centros urbanos há, por exemplo, crianças em carvoarias no Mato Grosso, nos canaviais de Pernambuco e inseridas no trabalho domiciliar com sapatos em Franca, no estado de São Paulo. Estima-se que 25% da força de trabalho na agricultura seja composta por crianças e adolescentes entre cinco e dezessete anos.

Um dos objetivos da OIT, o de eliminar o trabalho infantil, foi incluído na Declaração dos Princípios e Direitos Fundamentais do Trabalho, de 1998, e baseia-se em normas internacionais vigentes. No caso do Brasil, a legislação passou a prever que apenas com 16 anos se poderá ser admitido em um emprego, como indica o Estatuto da Criança e do Adolescente promulgado em 1990. Embora haja programas de prevenção e erradicação do trabalho infantil, grande parte das crianças trabalha informalmente, o que dificulta a fiscalização e a proteção. Atualmente, a maior parte das crianças e dos adolescentes trabalhadores está no mercado informal (78,3%), fora da grande indústria, tendo-se iniciado no trabalho antes dos dez anos.[27] Muitas das atividades

---

27 PIRES, J. M. Op. cit., p.214-8.

a que se dedicam são de risco para a saúde física e mental. Há riscos nas atividades da construção civil, agricultura – na qual se expõem a produtos químicos e pesticidas –, coleta e separação de lixo em aterros sanitários.[28] Também algumas formas de trabalho em domicílio, exercidas pela família, como a terceirização realizada na indústria de calçados, acabam prejudicando o desempenho e o acesso à escola, e expondo as crianças a produtos que podem causar dependência química.

Atualmente, os governos municipais, estaduais e federal implementam programas que visam a erradicar o trabalho infantil, pois é consenso que o lugar de crianças e adolescentes é na escola, sendo os anos iniciais muito importantes para a inclusão social e para a redução das desigualdades sociais.

---

28 OLAVE, M. *Ser médico*, n.26, 2004.

Considerações finais

Este livro não tem a pretensão de esgotar a história dos trabalhadores no Brasil. Desde o início, optou-se por não perder de vista alguns eixos. Em primeiro lugar, a natureza de certo modo volátil daqueles que, ao longo do tempo, se agregavam ao mundo do trabalho, provenientes de diversas partes do planeta e do próprio Brasil, mudando constantemente de espaços e, por vezes, de estatuto jurídico e social. Observe-se que, no entanto, semelhante circulação de modo algum impediu que homens e mulheres trabalhadores fincassem raízes, forjassem identidades, não raro entre a labuta e as lutas dela derivadas, que se tornassem enfim brasileiros amalgamados pela intensa miscigenação que o tempo transformou em segunda pele.

Não sem lógica, partiu-se do trabalho compulsório, aquele que de início implicou a utilização maciça dos nativos pela Coroa e por particulares e logo encapsulou os escravizados nascidos na África e seus descendentes. Os ritmos impressos ao uso de seu trabalho se expressavam pelas próprias flutuações do tráfico negreiro, mas igualmente por meio dos diversos caminhos da resistência ao cativeiro.

Abordou-se em seguida a transição para o trabalho livre, tendo em conta que este não assumiu exatamente os mesmos conteúdos que na Europa. Isso porque a entrada de imigrantes europeus nos séculos XIX e XX deu-se muitas vezes em meio à implementação de formas híbridas de trabalho, nem sempre diretamente associadas à livre compra e venda de força de trabalho em um mercado capitalista ainda incipiente.

Por fim, dado que um dos traços mais reiterativos da história do trabalho no Brasil foi e é exatamente a reprodução da sociedade mediante a exclusão social, enfatizaram-se aspectos da experiência de dois segmentos por muito tempo particularmente expostos às vicissitudes da marginalização – as mulheres e as crianças. Da mulher escravizada à operária e à agricultora, passando pelo trabalho doméstico e tantos outros, buscou-se capturar circunstâncias e entornos, além de conquistas. Das crianças, objeto de pesquisa na historiografia recente, buscou-se desenhar aspectos fundamentais que envolviam desde a vida do escravinho até o mundo do trabalhador infante da sociedade industrial.

Glossário

Agregado – Pessoa, em geral, de condição livre que vivia com uma família, havendo laços de parentesco ou não. Podia envolver relações de trabalho e dependência econômica.

Alforria/manumissão e Forro/liberto – Forros (ou libertos) eram os escravos que haviam obtido a liberdade (ou alforria, manumissão) a título gratuito ou por compra. Os forros recebiam uma carta de liberdade que atestava sua nova condição social.

Capitão do mato – Pessoa responsável pela captura dos escravos fugidos, nomeados por autoridades governamentais e em geral contratados pelos proprietários de escravos. Fazia parte de uma hierarquia paramilitar constituída por soldado do mato, cabo do mato, capitão do mato, sargento-mor do mato e capitão-mor do mato.

Crioulo – Escravo nascido no Brasil, descendente de africanos.

Colonos – Pessoas que recebiam, como proprietários, pequenos lotes de terras em comunidades destinadas ao estabelecimento de imigrantes, como na Região Sul do Brasil. O termo passou também a designar trabalhadores, usualmente migrantes, em diferentes situações de relações de trabalho nas fazendas.

Data – Lote concedido como propriedade aos indivíduos que se dedicavam à mineração.

Dote – Quantia ou bens destinados pelos pais ou tutores às mulheres para provê-las na época do casamento.

Drogas do sertão – Na Amazônia, diversos produtos nativos extraídos da floresta e depois comercializados, como cacau, cravo, canela, anil e salsaparrilha.

Faiscadores – Pessoas que se dedicavam à mineração isoladamente nas faisqueiras, terras com baixo teor de ouro, em geral abandonadas depois de intensa exploração.

Guerras justas – Expedições empreendidas pelos colonos para escravizar índios. Subjugavam-nos sob pretexto de que representavam perigo aos colonos e praticavam violências ou rituais não aceitos pelos brancos, como o canibalismo. Isso tornava o aprisionamento legal.

Plantation – Termo inglês para designar um tipo de organização da produção que tem a escravidão como relação de trabalho principal. Suas unidades caracterizavam-se por produzir para o mercado, conjugar no mesmo estabelecimento o cultivo agrícola e o beneficiamento do produto, inserir os escravos em um trabalho por equipes sob comando unificado e executar as tarefas obedecendo a uma divisão específica de trabalho.

Quilombo/quilombola – Local onde se escondiam os escravos que fugiam. Quilombolas eram os escravos que habitavam o quilombo.

Tumbeiros – Embarcações que transportavam escravos da África para a América. Recebiam essa denominação por serem verdadeiras sepulturas por causa da alta mortalidade durante a travessia em decorrência das péssimas acomodações e da má alimentação.

Sugestões de leitura

História dos índios no Brasil. Manuela Carneiro da Cunha (Org.). São Paulo: Companhia das Letras, 1992, 611 p.

Principal coletânea existente sobre a história indígena brasileira, escrita por renomados especialistas, contendo importantes capítulos sobre a mão de obra indígena ao longo da história. Incorpora as visões e os debates mais recentes sobre o tema.

O índio na História do Brasil. Berta Ribeiro. São Paulo: Global, 1989, 125 p.

Obra de síntese sobre a história dos índios no Brasil, bem documentada e atualizada.

Segredos internos. Stuart B. Schwartz. São Paulo: Companhia das Letras, 1988, 474 p.

Denso estudo sobre o complexo açucareiro na Bahia colonial e o trabalho de escravos, índios e lavradores de cana e senhores de engenho. Enfoca em profundidade o mundo do açúcar e a vida dos escravos.

A escravidão africana: América Latina e Caribe. Herbert S. Klein. São Paulo: Brasiliense, 1987, 316 p.

Trata-se de uma visão de conjunto sobre a escravidão africana nas Américas. Analisa as origens do sistema escravocrata americano e procura descrever os diferentes modelos estabelecidos nas colônias portuguesa, espanhola, inglesa e francesa. Incursiona também em aspectos da formação da cultura afro--americana.

O escravismo colonial. Jacob Gorender. São Paulo, Ática, 1985, 625 p.

Vasta e bem realizada síntese da escravidão na América, cuja intenção final é promover a discussão das leis e da dinâmica do funcionamento do modo de produção escravista colonial.

Em costas negras. Manolo Florentino. São Paulo: Companhia das Letras, 1997, 305 p.

Estudo detalhado a respeito das dimensões do comércio negreiro entre a África e o Rio de Janeiro. Destaca principalmente as empresas traficantes e os negociantes de escravos.

Imigrantes para o café. Thomas H. Holloway. Rio de Janeiro: Paz e Terra, 1984, 297 p.

Importante pesquisa analisando a expansão cafeeira pela província e estado de São Paulo, a corrente imigratória e o trabalho rural nas fazendas cafeeiras. O dia a dia dos colonos recebe ampla atenção.

O imigrante e a pequena propriedade. Maria Thereza S. Petrone. São Paulo: Brasiliense (Col. Tudo é História, 38), 1982, 89 p.

Breve estudo a respeito de imigrantes que se estabeleceram em pequenas propriedades no Sul do Brasil e em São Paulo. Analisa as condições gerais, as políticas imigratórias e os resultados desse tipo de imigração.

Migrações internas no Brasil, 1872-1970. Douglas H. Graham e Sérgio Buarque de Hollanda Filho. São Paulo: IPE/USP, 1984, 130 p.

Livro de natureza quantitativa. Um dos poucos que realizam uma estimativa crítica das migrações internas no Brasil, indicando volumes, procedências e destinos em período caracterizado pela intensificação desse tipo de migração.

Fazer a América. Boris Fausto (Org.). São Paulo: Edusp, 2000, 577 p.

Trata-se de uma coletânea de artigos relacionados ao tema da imigração internacional para a América Latina. Embora cada autor aborde aspectos diferentes, acabam por oferecer uma visão de conjunto a respeito da situação de imigrantes de diversas origens. Muitos textos referem-se especificamente ao Brasil.

TRABALHO COMPULSÓRIO E TRABALHO LIVRE NA HISTÓRIA DO BRASIL

História da indústria e do trabalho no Brasil. Francisco Foot e Victor Leonardi. São Paulo: Global, 1982, 416 p.

Amplo painel sobre a indústria e o trabalho nas fábricas desde os inícios até a década de 20 do século XX. Há capítulos que tratam das condições gerais da implantação e do desenvolvimento das fábricas, bem como da natureza da burguesia industrial e do proletariado.

Mulheres e menores no trabalho industrial. Esmeralda Blanco B. de Moura. Petrópolis: Vozes, 1982, 164 p.

Análise dos fatores sexo e idade no processo de constituição do trabalho fabril de São Paulo. Destacam-se as condições e a regulamentação do trabalho das mulheres e dos menores na primeira metade do século XX.

História das mulheres no Brasil. Mary Del Priore (Org.). São Paulo: Editora da Unesp/Contexto, 1997, 678 p.

Coleção de textos sobre a condição feminina no Brasil e sua história, abordando os mais variados aspectos, como trabalho, maternidade, sexualidade e representações das mulheres.

História das crianças no Brasil. Mary Del Priore (Org.). São Paulo: Editora da Unesp/Contexto, 2000, 444 p.

Conjunto de textos sobre a história da criança no Brasil, merecendo ampla atenção a criança escrava, a infância abandonada, o trabalho infantil e as percepções sobre o menor no Brasil republicano.

Questões para reflexão e debate

1. O tráfico negreiro trouxe ao Brasil mais homens que mulheres. Que tipo de impactos pode se detectar na divisão do trabalho por sexo, nas possibilidades de formação de famílias e no acesso à alforria?

2. Durante a expansão cafeeira e após a abolição da escravidão foram preferidos os imigrantes estrangeiros aos trabalhadores nacionais. Que argumentos foram levantados? Tratou-se de uma escolha motivada por razões de natureza econômica, política ou racial?

3. O ideal esperado para uma mulher na época colonial é que fosse recatada e se dedicasse ao cuidado do lar. Foi um ideal seguido por todas as mulheres? Esse ideal mudou no decorrer dos séculos XIX e XX?

4. Até o século XIX o trabalho infantil de escravos e livres era estimulado, sendo nas décadas seguintes gradualmente questionado e por fim combatido. Por que a mudança?

SOBRE O LIVRO

Formato: 12 x 21 cm
Mancha: 21,3 x 39 paicas
Tipologia: Fairfield LH Light 10,7/13,9
Papel: Offset 75 g/m² (miolo)
Cartão Supremo 250 g/m² (capa)

1ª edição: 2008

EQUIPE DE REALIZAÇÃO

Edição de Texto
Regina Machado (Preparação de Texto)
Beatriz Simões Araújo (Revisão)
Kalima Editores (Atualização ortográfica)

Editoração Eletrônica
Eduardo Seiji Seki (Diagramação)

Impressão e acabamento